EXERCICES GRADUÉS

SUR LA

GRAMMAIRE FRANÇAISE

ACCOMPAGNÉS

DE L'EXPOSÉ DES RÈGLES

PAR

M. GALLIEN

Ancien Professeur de grammaire à l'École normale de Versailles

PREMIÈRE ANNÉE

LIVRE DE L'ÉLÈVE

PARIS

AUG. BOYER ET Cie, LIBRAIRES-ÉDITEURS

49, RUE SAINT-ANDRÉ-DES-ARTS, 49

G

EXERCICES GRADUÉS

SUR LA

GRAMMAIRE FRANÇAISE

ACCOMPAGNÉS

DE L'EXPOSÉ DES RÈGLES

PAR

M. GALLIEN

Ancien Professeur de grammaire à l'École normale de Versailles

PREMIÈRE ANNÉE

LIVRE DE L'ÉLÈVE

PARIS

AUG. BOYER ET Cⁱᵉ, LIBRAIRES-ÉDITEURS

49, RUE SAINT-ANDRÉ-DES-ARTS, 49

OUVRAGES DU MÊME AUTEUR

GRAMMAIRE FRANÇAISE ANALYTIQUE ET PRATIQUE

Cours gradué et complet d'études grammaticales sur un plan très-méthodique. — Nouvelle édition, améliorée sous le rapport du plan et de l'étendue.

1ᵉʳ VOLUME, comprenant les règles générales et les règles particulières de l'Orthographe.

2ᵉ VOLUME, comprenant la Syntaxe, les règles du Langage et un traité complet d'Orthographe d'usage.

Prix de chaque volume, cart. : 1 fr.

EXERCICES ET DICTÉES

Sur les difficultés de l'Orthographe française, contenant : 1° Des Dictées préparatoires sur chaque difficulté; 2° Cent Dictées en texte suivi. 3ᵉ édit. — Prix : 1 fr. 50 c.

AVANT-PROPOS.

Nous avons publié dernièrement une grammaire française en deux petits volumes, dont le premier renferme, en deux parties, tout ce qui concerne l'*orthographe*; et le second, ce qui a rapport à l'*orthologie*. C'est pour le premier volume, ou plutôt pour la première partie de ce volume que nous donnons aujourd'hui le présent livre d'exercices; lequel sera immédiatement suivi d'un autre correspondant à la 2ᵉ partie; et, enfin, d'un troisième, qui correspondra au 2ᵉ volume de la grammaire. Ces trois ouvrages formeront ainsi la division naturelle de l'étude de la grammaire en 1ʳᵉ, 2ᵉ et 3ᵉ année. Ils sont prêts, et en voie de publication.

Quoique, tout naturellement, en composant ces livres d'exercices, nous nous soyons un peu préoccupé de notre grammaire, nous avons voulu cependant qu'ils en fussent tout à fait indépendants, et qu'ils pussent s'appliquer à une grammaire quelconque. Pour cela, nous nous sommes contenté de renvoyer à la nôtre par des numéros, que l'on peut parfaitement ne pas remarquer, si l'on veut. Quant à l'énoncé des règles en tête de chaque exercice, c'est plutôt un memento général de grammaire qu'une grammaire même, et nous pensons que, Maîtres et Élèves, tous nous sauront gré de leur avoir mis sous la main dans le même livre et la pratique et la théorie.

Le livre destiné aux élèves ne contient absolument que les exercices gradués qui le concernent, ce qui en diminue considérablement le volume. Celui du Maître contient, outre ces mêmes exercices corrigés, un grand nombre de dictées en texte suivi, où l'on pourra trouver tout à la fois des dictées de composition ou autres, et des sujets de style variés et intéressants.

Quoi que l'on ait pu dire, il n'y a que l'analyse qui puisse assurer les progrès. Plein de cette pensée et fort de notre expérience, nous avons exigé des élèves non-seulement un devoir écrit, mais un devoir oral sur chaque exercice. C'est une nouveauté introduite par nous dans ces sortes de livres, et destinée, nous le croyons du moins, à donner de bons résultats.

NOTIONS PRÉLIMINAIRES.

N. B. Peut-être trouvera-t-on nos deux chapitres de notions préliminaires un peu difficiles pour les enfants. Rien n'empêche de les passer d'abord sous silence, et de commencer plus loin, aux *Espèces de mots,* page 25. Cependant, comme ces notions préliminaires ont pour but d'initier les élèves à une connaissance utile, celle au moins des dénominations grammaticales dont on se sert tout d'abord, et qu'il importe tant que l'on comprenne, il ne sera point mal que les enfants en reçoivent le plus tôt possible l'explication. Il n'y a pas d'ailleurs de travail écrit à exiger sur ces matières, les élèves étant censés ne pas savoir et, par conséquent, ne pouvoir. Ils apprennent à la suite numéro par numéro, et s'exercent, à l'aide de leur livre, avec le Maître, qui les interroge, et les dirige au besoin dans leurs réponses.

CHAPITRE PREMIER.

ÉLÉMENTS LOGIQUES DU DISCOURS.

1. La grammaire est l'art d'exprimer correctement nos pensées par des mots.

2. Exprimer une pensée par des mots, c'est dire d'un être quelconque (animé ou inanimé) qu'il EST tel ou tel, ou qu'il FAIT telle ou telle chose. Exemples : *La science* EST *utile,* ou *la science* REND *utile.* — *Le vice* EST *méprisable,* ou *le vice* REND *méprisable.*

EXERCICE 1er.

Dire, si dans les phrases suivantes, l'être dont on parle **est** *ou* **fait** *quelque chose.*

Dieu seul est grand. — Dieu gouverne le monde.
Le soleil est immobile. — Le soleil nous éclaire.
Le travail est pénible. — Le travail nous nourrit.

Puisque vous êtes forts, — vous devez soutenir le faible ;
— puisque vous êtes riches, — vous devez soulager le pauvre.

Tu seras digne du respect des autres, — si tu commences
par te respecter toi-même.

Cette famille était pauvre, — le travail l'a enrichie.

Les racines de la science sont amères, — mais les fruits
en sont doux.

Le travail rend tout aisé, — la paresse rend tout difficile.

L'homme de bien est l'image de Dieu sur la terre : — il
aime les autres hommes, — il les soulage, — il les console,
— il est heureux de leur bonheur.

Modèle du devoir (1).

Dans *Dieu seul est grand*, on dit que Dieu EST quelque chose.
Dans *Dieu gouverne le monde*, on dit que Dieu FAIT quelque
chose, etc.

---

3. Quand l'expression d'une pensée est complète
par elle-même sans le secours d'une autre, on l'appelle PHRASE.

4. Ainsi, *La science est utile* forme une phrase
quand cette réunion de mots suffit à exprimer la pensée que l'on veut rendre ; mais ce n'en est pas une
si elle est accompagnée d'une autre pensée qui s'y
rattache, comme quand on dit : *La science est utile
pourvu qu'elle s'occupe de choses utiles.* Pareillement
Le vice est méprisable est une phrase si cette pensée
n'a besoin d'aucune autre pour rendre toute l'idée ;
mais ce n'est qu'une partie de phrase quand on dit,
par exemple : *Le vice est méprisable, car il nous dégrade et nous avilit.*

EXERCICE 2e.

Décomposer la fable suivante en phrases et parties de phrase.

FABLE. — Un homme voyageait. Il menait avec lui un
cheval et un âne. Celui-ci était épuisé de fatigue, et dit au

---

(1) Ces devoirs, pour les notions préliminaires, sont essentiellement
oraux.

cheval : Si tu ne prends une partie de mon fardeau, je mourrai. Le cheval fut insensible; il n'écouta pas son compagnon, et l'âne mourut. Qui en souffrit? Ce fut le cheval; car il fut obligé de porter la charge de l'âne, et de plus sa peau.

Cette fable nous apprend que nous devons nous aider les uns les autres.

Modèle du devoir.

Un homme voyageait est une phrase, parce que cette pensée n'a pas besoin de la suivante, etc.

---

4. Dans l'exemple *La science est utile pourvu qu'elle s'occupe de choses utiles,* il y a deux pensées :

1° *La science est utile.*

2° *Pourvu qu'elle s'occupe de choses utiles.*

Lesquelles sont liées (ici par les mots *pourvu que*) de manière à n'en former qu'une.

Dans l'exemple *Le vice est méprisable, car il nous dégrade et nous avilit,* il y en a trois :

1° *Le vice est méprisable.*

2° *Il nous dégrade.*

3° *Il nous avilit.*

5. Ainsi, les phrases sont simples ou composées. Les parties simples d'une phrase composée et les phrases simples elles-mêmes s'appellent PROPOSITIONS.

6. Par conséquent, une proposition, c'est la simple affirmation que l'on EST ou que l'on FAIT quelque chose.

EXERCICE 3e.

Dire si les phrases de la fable suivante sont simples ou composées.

FABLE. — Un renard et un bouc descendirent dans un puits pour s'y désaltérer. Quand ils eurent apaisé leur soif, le bouc demanda : Comment allons-nous sortir d'ici? Dresse-toi contre le mur, dit le renard ; appliques-y tes pieds de devant et tes cornes ; je grimperai le long de ton corps, je m'élancerai hors du puits, et, quand je serai libre, je te délivrerai toi-même. Le bouc se prêta à cette manœuvre, et le renard sortit; mais il laissa son compagnon.

Cette fable prouve qu'en toute chose il faut considérer la fin.

Modèle du devoir.

Un renard et un bouc descendirent dans un puits pour s'y désaltérer est une phrase simple, parce qu'elle ne renferme qu'une pensée, etc.

---

7. Ainsi, il y a des propositions qui affirment que l'on EST et d'autres que l'on FAIT quelque chose.

Les premières sont formées :

1° De l'être dont on dit qu'il est telle ou telle chose. On le nomme SUJET.

2° De la chose que l'on dit du sujet (ce qu'il est) : on l'appelle ATTRIBUT.

3° D'un mot affirmant que le sujet est, ou n'est pas la chose marquée par l'attribut : on l'appelle verbe.

Les autres propositions (celles qui marquent que l'on fait quelque chose) sont formées :

1° Comme les précédentes, d'un sujet (l'être qui fait la chose).

2° D'un verbe. Mais ce verbe se trouve ne former qu'un mot avec l'attribut, comme dans *Paul étudie*, qui signifie *Paul est étudiant*.

EXERCICE 4°.

Dire les sujets, les attributs et les verbes des phrases qui suivent.

La vertu est aimable. — La vie est courte. — Le froid est vif. — La terre est ronde. — La justice est la reine des vertus. — La belle saison est passée. — Nos fautes nous seront pardonnées si nous sommes miséricordieux. — Paul était fâché contre son frère, il est maintenant réconcilié avec lui.

La modestie plaît. — La gloire séduit. — La terre tourne. — La fortune nous trompe. — Les grands hommes seuls font de grandes choses. — Romulus et Rémus fondèrent Rome. — L'espérance nous promet la fin de nos maux; le courage et la résignation les diminuent. — Les faux amis nous abandonnent dans le malheur, les vrais amis nous restent fidèles.

Modèle du devoir.

Dans *La vertu est aimable*, le sujet est *vertu*, parce que c'est la chose dont on dit qu'elle est aimable; l'attribut est *aimable*, parce que c'est ce que l'on dit du sujet *vertu*; le verbe est *est*, parce que c'est le mot par lequel on affirme que le sujet *vertu* est la chose marquée par l'attribut *aimable*, etc.

---

8. Le verbe, en général, est un mot qui marque l'existence ou l'action. On le connaît à la possibilité de le faire précéder des mots *je, tu, il, nous, vous,* de cette manière : *Je suis, tu es, il est, nous sommes, vous êtes, ils sont.* — *J'étais, tu étais, il était, nous étions, vous étiez, ils étaient.* — *Je fus, tu fus, etc.* — *Je serai, tu seras, etc.* — *J'aime, tu aimes, etc.* — *J'étudierai, tu étudieras, etc.*

EXERCICE 5ᵉ.

Conjuguer les verbes suivants (1).

Je cours. — Il passait. — Nous marchâmes. — Ils auront. — Vous viendrez. — Tu courus. — Il regrettera. — Nous avons travaillé. — Vous aviez demandé. — Il aura obéi. — Tu aurais écrit. — Nous sommes arrivés. — Ils se sont promenés. — Il est récompensé. — Vous serez compris, etc.

Modèle du devoir.

Je cours, tu cours, il court, nous courons, vous courez, ils courent. — Je passais, tu passais, il passait, nous passions, vous passiez, ils passaient, etc.

---

(1) C'est-à-dire, introduire *je, tu, il, nous, vous* devant ces verbes.

9. Il y a dans une phrase autant de propositions que de verbes avec sujet. Ce sujet peut être sous-entendu.

EXERCICE 6ᵉ.

Dire combien de propositions renferment les phrases de la fable suivante.

FABLE. Un avare réalisa en or toute sa fortune, et il l'enfouit dans un endroit secret. Chaque jour il visitait son cher trésor. Là étaient renfermées son âme et sa vie. Quelqu'un le suivit, découvrit la cachette, et enleva l'argent. Lorsque l'avare revint, il ne trouva rien. Il se désolait et s'arrachait les cheveux. Un homme le vit, et lui demanda la cause d'une si grande douleur. Quand il la connut : Tu te désespères à tort, lui dit-il, ton trésor était nul pour toi puisque tu ne t'en servais pas; mets une pierre à la place, elle te servira tout autant.

Modèle du devoir.

La phrase *Un avare réalisa en or toute sa fortune, et il l'enfouit dans un endroit secret* renferme deux propositions, parce qu'il s'y trouve deux verbes avec sujet :

1° *Réalisa*, dont le sujet est *avare*.

2° *Enfouit*, dont le sujet est aussi *avare*, mais représenté par *il*, etc.

---

10. Les éléments de la proposition sont donc le sujet, le verbe et l'attribut.

11. Chacune de ces parties peut avoir des dépendances ou COMPLÉMENTS. Par exemple, quand on dit : *La science du bien est la première de toutes*, le sujet *science* est accompagné d'une dépendance, *du bien*, qui sert à en compléter le sens, et que l'on appelle pour cela son complément. De même, l'attribut *première* est complété par les deux mots *de toutes* qui l'accompagnent.

12. Le sujet, le verbe, l'attribut et les compléments, quels qu'ils soient, se composent de MOTS.

13. Les mots sont des signes de nos idées.

EXERCICE 7ᵉ.

1° *Dire les compléments dans la fable qui précède.*
2° *Donner des exemples d'idées.*

Modèle du devoir.

1° Dans la proposition *Un avare réalisa en or toute sa fortune*, l'expression *en or* est une dépendance, un complément du verbe *réalisa*; le mot *fortune* est aussi un complément de ce verbe; et le mot *toute*, ainsi que le mot *sa*, une dépendance de *fortune*, etc.

2° Chaque mot de la fable exprime une idée. Les principales sont celles d'avarice, d'or, d'argent, de fortune, de trésor, d'enfouissement, etc.

CHAPITRE II.

ÉLÉMENTS PHONIQUES ET GRAPHIQUES DU DISCOURS.

15-18. Les mots sont composés de syllabes. Il y a dans un mot autant de syllabes qu'on y compte d'émissions de voix. On appelle MONOSYLLABE un mot d'une seule syllabe; DISSYLLABE, un mot de deux syllabes; et, généralement, POLYSYLLABE, un mot de plus de deux syllabes.

EXERCICE 8ᵉ.

Dire si les mots de la fable suivante sont des monosyllabes, des dissyllabes ou des polysyllabes.

FABLE. — Un âne servait un jardinier, et se plaignait beaucoup de son sort. Il mangeait peu, disait-il, travaillait sans cesse, et ne dormait presque pas. Il pria la Fortune de lui donner un autre maître. On le vendit à un potier, qui lui faisait porter des charges énormes de poterie et de terre glaise. Il se plaignit de nouveau, et obtint de changer de condition. Cette fois il fut vendu à un corroyeur. Alors quelle triste destinée fut la sienne! le dégoût et la crainte s'ajoutaient à ses autres peines. J'aurais bien mieux fait, disait-il, de rester avec mes premiers maîtres : celui-ci va me tuer de fatigue, ensuite il tannera ma peau.

Modèle du devoir.

Un est un monosyllabe, parce qu'il n'a qu'une syllabe.
Ane est un dissyllabe, parce qu'il a deux syllabes, etc.

19-27. Les syllabes sont composées de LETTRES.

Il y a deux sortes de lettres : les VOYELLES et les CONSONNES.

Les voyelles représentent les sons de la voix : *a, e, é, è, i, y, o, u, au, ai, eu, ei, ou, oi, an, in,* etc.

Les voyelles sont SIMPLES ou COMPOSÉES. Les simples ne sont formées que d'une lettre : *a, e, é, è, i, y, o, u.* Les composées sont formées de plusieurs : *ai, au, ei, eu, eau, oi, ou, œu, ui, an, am, in, im, yn, ym, on, om, oin,* etc.

Parmi les voyelles composées, il y en a qui expriment un double son : on les appelle DIPHTHONGUES, comme *oi, ui, oin,* etc. D'autres sont dites NASALES, parce qu'elles se prononcent du nez ; elles sont formées de la consonne *n* ou *m* ajoutée à une voyelle : *an, am, on, om, in, im,* etc.

M s'emploie au lieu de *n* devant *b, p, m,* comme dans *ambition, empêcher, emmener.* Excepté les mots *bonbon, bonbonne, bonbonnière, embonpoint.*

EXERCICE 9°.

Faire distinguer les voyelles, soit simples, soit composées, soit diphthongues, soit nasales ; à propos de ces dernières, faire remarquer l'emploi de m au lieu de n.

Aube, aubaine, haleine, balai, pauvre, peine, boule, joujou, taureau, jeunesse, milieu, épieu, heureux, oiseau, œuvre, boire, croix, luire, fiacre, fiole, vœu, nœud, puits.

Bâton, manteau, aliment, insensé, pain, main, faim, essaim, lynx, nymphe, épouvante, triomphe, honte, rampe, embarras, teinture, parfum, horizon, impiété, camp, moindre, enchantement, entendement.

Emporter, emmailloter, embrasser, ambassadeur, amputer,

ampleur, emphase, empoisonner, imprimer, impérieux, emmener, emmagasiner, imputer, immixtion.

Modèle du devoir.

Au de aube est une voyelle composée, et e une voyelle simple, etc.

---

28. Les voyelles sont BRÈVES OU LONGUES. Les brèves se prononcent rapidement ; les longues ont dans la prononciation deux fois l'étendue de la brève.

EXERCICE 10ᵉ.

Distinguer les longues et les brèves dans les avant-dernières syllabes des mots suivants.

Courage, âge — trompette, tempête — petite, gîte — crime, abîme — parole, contrôle — bulle, brûle — doute, voûte — jeune (de jeunesse), jeûne (de jeûner) — malle, (une), mâle (un) — sauterelle, grêle, — cime, dîme, — notre, nôtre (le, la) — hutte, flûte — goutte (une), goûte (il) — mille, île — trace, disgrâce, — étrenne, troène — couronne, trône.

Modèle du devoir.

A de courage est bref, á de áge est long, etc.

---

29. E est dit MUET quand le son en est faible, comme dans *homme* ; ou tout à fait nul, comme dans *joie*.

EXERCICE 11ᵉ.

Distinguer e muet dans les mots suivants.

Grâce, monde, prudence, table, prune, gloire, heure, demeure, mouche, moucheron, bêlement, renoncement, revenir, armoirie, dragée, bévue, joie, joue, dévouement, gaiement, maniement, que, le, me, ne, de, se, lorsque, quoique.

Modèle du devoir.

E de grâce est muet, parce que le son en est faible, etc.

---

30. E est dit FERMÉ quand il représente un son aigu, comme dans *bonté, vérité, archer.*

EXERCICE 12e.

Distinguer les e fermés, qu'ils soient marqués d'un accent aigu comme dans **autorité,** *ou affectés d'une consonne, comme dans* **pied.**

Autorité, énormité, aspérité, aéré, amitié, clergé, duché, extrémité, éternité, naïveté, souveraineté, été, pied, poirier, panier, officier, pêcher (arbre), aimez, venez, demander, protéger, assez, nez, rez-de-chaussée.

Modèle du devoir.

E de *autorité* est fermé, parce que le son en est aigu, etc.

---

31. E est dit OUVERT quand le son en est grave et plein, comme dans *pièce, objet.*

EXERCICE 13e.

Distinguer les e ouverts, qu'ils soient marqués d'un accent, comme dans **père,** *ou affectés d'une consonne comme dans* **objet.**

Père, fidèle, nièce, Grèce, glèbe, thèse, discrète, complétement, prêtre, même, extrêmement, bec, nef, cruel, sujet, Joseph, amer, respect, inquiet, esprit, secteur, exil, index, inflexion.

Modèle du devoir.

Le premier *e* du mot *père* est ouvert, parce que le son en est plein, etc.

---

32. La voyelle *y* vaut un *i* simple après une consonne et au commencement des mots, comme dans *mystère, yeux.* Elle vaut deux *i* après une voyelle, comme dans *rayon, moyen* (rai-ion, moi-ien).

EXERCICE 14e.

Dire si **y** *vaut un ou deux* **i** *dans les mots suivants.*

Physique, style, rayon, mythologie, chrysanthème, yacht, yole, hygiène, hyène, soyeux, noyade, paysage, employer, essayer, homonyme, appuyer, paralytique.

Modèle du devoir.

Dans *physique,* **y** ne vaut qu'un *i* parce qu'il est après une consonne, etc.

33-45. Les consonnes représentent les articulations ou mouvements de la voix : *b, c, d, f, g, h, j, k, l, m, n, p, q, r, s, t, v, x, z.*

Les consonnes sont SIMPLES OU COMPOSÉES, DOUCES OU FORTES, LIQUIDES, NASALES, SIFFLANTES, ASPIRÉES, MOUILLÉES, etc.

35, 36. Les simples sont formées d'une seule lettre, comme *b, c, d,* etc.; et les composées, de plusieurs, comme *ch, ph, gn, qu, bl, br, cr,* etc.

37. Parmi les consonnes composées, il y en a qui expriment une double articulation : on les appelle DOUBLES : *bl, br, cl, cr, dr, fl, fr, gl, gr, pl, pr, tr, vr, chl, chr, phl, phr, ps, st, x* (gz, ks).

38, 39. Les douces ne demandent qu'un faible mouvement de l'organe vocal; les fortes au contraire veulent un mouvement plus fort. Les fortes correspondent aux douces : *p* à *b, t* à *d, ch* à *j, f* à *v, s* à *z,* etc.

40, 41. Les muettes sont celles qu'on ne peut exprimer qu'avec le secours d'une voyelle : *b, p, d, t, g* et *c* durs, *k, q.* Elles sont LABIALES, GUTTURALES OU DENTALES selon qu'elles se prononcent des lèvres, comme *b, p;* ou du gosier, comme *g* et *c* durs, *k, q;* ou des dents, comme *d, t.*

42, 43. Les liquides (l, r, m, n) sont ainsi appelées parce qu'elles se lient facilement avec d'autres et entr'elles. *L, r,* se joignent plus particulièrement aux muettes pour former les doubles : *bl, br,* etc.

44, 45. Les nasales sont *m, n, gn;* et les sifflantes *s, x, z, c* doux et *t* devant *i* dans certains cas.

EXERCICE 15ᵉ.

Faire distinguer les consonnes en général.

FABLE. — Un geai vit dans un colombier des colombes parfaitement nourries. Il se blanchit et vint pour prendre part à leur nourriture. Comme elles ne connaissaient pas qui il était, elles le souffrirent parmi elles tant qu'il garda le silence. Mais il s'avisa de faire entendre sa voix, et aussitôt elles le chassèrent à coups de bec. Alors il voulut retourner parmi les siens. Ceux-ci trompés par sa couleur le repoussèrent pareillement. Ainsi, pour avoir voulu trop, il n'eut rien.

Modèle du devoir.

G de *geai* est une consonne simple, n'ayant qu'une lettre. *V* et *t* de *vit* sont pareillement des consonnes simples, etc.

EXERCICE 16e.

Faire distinguer les consonnes composées.

Chaloupe, chimère, chapeau, phare, euphonie, règne, phoque, mignon, campagne, qualité, quantième, quotité, quinze, quittance, merveilleux, travailleur, vieillesse, dépouille.

Modèle du devoir.

Ch de *chaloupe* est une consonne composée, étant formée de plusieurs lettres, etc.

EXERCICE 17e.

Faire distinguer les consonnes doubles.

Clavecin, faible, flacon, glacial, binocle, globe, place, brave, cravache, drapeau; droiture, frère, grenade, profane, gluau, antre, effroi, chlore, christ, phrénologie, maxime, exil, exhorter, exorbitant, psaume, stance, statue, stable.

Modèle du devoir.

Cl de *clavecin* est une consonne double, parce qu'elle exprime un double mouvement de la voix, etc.

EXERCICE 18e.

Faire distinguer les consonnes douces, les fortes, les muettes les labiales, les gutturales, les dentales, les liquides, les sifflantes.

Fable. Un chien et un coq s'étant liés d'amitié, voyageaient ensemble. La nuit vint. Le coq s'endormit sur une branche; et le chien, dans un creux au pied de l'arbre. Selon sa coutume, le coq se mit à chanter à une certaine heure de la nuit. A ce cri, un renard accourut; et, d'en bas, il priait le coq de descendre, parce que, disait-il, il désirait vivement embrasser un animal qui avait une si belle voix. Le coq lui dit d'éveiller d'abord le portier qui dormait au pied de l'arbre. Mais le renard s'étant approché pour cela, le chien s'élança sur lui et le mit en pièces.

Modèle du devoir.

Ch. de *chien* est une consonne composée forte, correspondant à la douce *j*. *T* de *et* est une simple forte, qui correspond à la douce *d*. C'est une muette dentale, etc.

46, 47. *H* est dit ASPIRÉ quand il fait prononcer du gosier la voyelle suivante. Exemple : *la haine.* Il est dit MUET dans les autres cas.

48. En général, un mot commence par *h* aspiré quand, devant ce mot, on ne peut élider *e* du mot *le* ou *a* du mot *la*.

EXERCICE 19ᵉ.

Dire si dans les mots suivants h *est muet, ou aspiré.*

Hâbleur, habit, habitude, hache, haie, haleine, haine, haillon, hameçon, hamac, harmonie, hameau, habileté, hanche, hangar, hectare, hectolitre, haquenée, hareng, hélice, hélas, haricot, harpe, harnais, herbe, héritier, heure, hampe, hasard, hâle, halle, histoire, héros, héroïsme, horizon, huile, huche, humidité, hure, hurlement, humeur, hutte, humanité, hommage, hauteur, héron, hymne, hymen, hernie, hochet, horloge, hôte, hérisson, horoscope, haras, hanneton, horreur, hôtel, hotte (une), harangue, hostie, huître, houblon, housse, humilité, hautbois, hâvre-sac, hypocrisie, homard, honneur, harpie, hiver.

Modèle du devoir.

Hâbleur prend *h* aspiré, parce que l'on ne dit pas *l'hâbleur*, mais *le hâbleur*. *Habit* commence par *h*, mais non aspiré, parce que l'on dit *l'habit* et non *le habit*, etc.

49. La consonne *l* est dite MOUILLÉE après *i* ordinairement, comme dans *péril, travail, réveil, famille*.

50. Plus particulièrement, *l* est mouillé :

1° Dans les mots en *ail, aille, eil, eille, euil, euille, ouil, ouille* et leurs dérivés : *travail, travaille, travaillons; soleil, merveille, merveilleux; fenouil, dépouille, dépouiller*.

2° Dans les mots en *il*, si *l* est mouillé dans les dérivés, comme dans *péril* (périlleux), *persil* (persillé), *mil* (millet).

3° Dans les mots en *ille*, autres que *idylle, mille, sibylle, tranquille, ville*.

4° En général, à la fin des mots quand il l'est dans le corps d'un mot analogue.

EXERCICE 20e.

Dire pourquoi l *est mouillé dans les mots suivants.*

Bétail, bataille, paille, réveil, veille, veillons, merveilleusement, sommeil, sommeiller, pareillement, travail, travaillons, travaillez, deuil, treuil, camail, seuil, éventail, soupirail, abeille, corbeille, treille, rouille, quenouille, accueil, orgueil, recueil, feuille, gril, grillage, famille, aiguille, grille, trille, étrille, quadrille, cil, sourciller, vanille, béquille, bille, fille, quille, vrille.

Modèle du devoir.

L est mouillé dans *bétail*, parce que la finale est en *ail*, etc.

---

51. *C* et *g* sont doux devant *e, i, y*; ils sont durs dans les autres cas : *ceci, cynique, canon, cupidité, colon, cri, sac; gémir, gypse, gîte, galon, goguenard, grec, grog*.

52. Pour rendre le *c* dur devant *e, i, y*, on le change ordinairement en *qu*. Exemples : *banc, banquier, banquiste; public, publiquement*. Pour l'adoucir devant *a, o, u*, on le souscrit d'une cédille. Exemples : *annonça, leçon, reçu*.

53. Pour rendre le *g* dur devant *e, i, y*, on le fait

suivre de *u*, comme dans *guerre*, *guide*. Pour l'adoucir devant *a, o, u*, on y ajoute *e*, comme dans *engagea*, *geai*, *gageure*.

EXERCICE 21e.

Dire si c *et* g *sont doux ou durs dans les mots suivants.*

Cire, acide, céréale, citadin, cérémonie, centime, cycle, cylindre, cymbales, cabane, cabale, cadeau, code, coriace, cumul, cœur, canton, classement, crier, bissac, socle, crochet, sec, troc, truc, caduc, bouc, busc.

Gîte, général, agilité, image, imaginaire, songe, genou, gibbon, gymnase, gynécée, gypse, Égypte, agate, figure, godet, glace, grimace, dégrossir, suggérer, Agag, grog, Gog, Magog.

Modèle du devoir.

C de *cire* est doux, parce qu'il est devant *i*, etc.

EXERCICE 22e.

Dire pourquoi il y a qu *au lieu de* c *dans les mots qui suivent.*

Turc, Turque, Turquie, Turquestan; banc, banque, banquier, banquiste, banquet, banqueroute; troc, troquer; tronc, tronquer; bec, béquée, *ou* becquée, becqueter; caduc, caduque; Grec, Grecque.

Modèle du devoir.

Qu de Turque remplace *c* de *Turc* pour le rendre dur devant *e*. Sans cela il y aurait *Turce*, etc.

EXERCICE 23e.

Dire pourquoi il y a gu *et* ge *au lieu d'un simple* g *dans les mots suivants.*

Guetter, guider, conjuguer, guignon, guichet, guérir; geai, bourgeois, vengeance, plongeon, geôlier, geôle, esturgeon, bourgeon, il jugea, nous songeons.

Modèle du devoir.

U de *guetter* est mis après le *g* pour le rendre dur devant *e*. Sans cela, il y aurait *getter*, ce qui se prononcerait *jetter*, etc.

55-58. On commence par une majuscule ou grande lettre :

1° Les phrases.

2° Les noms propres, c'est-à-dire ceux par lesquels on désigne tout particulièrement telle ou telle personne, telle ou telle chose ; comme, par exemple, quand on représente un homme par son nom particulier de *Pierre* ou de *Paul*, ou bien une femme par son nom de *Louise* ou de *Marie*, ou un fleuve par son nom de *Rhône* ou de *Rhin*, ou bien un peuple par son nom de *Français* ou d'*Anglais*, etc.

3° Les vers.

EXERCICE 24e.

Dire pourquoi les grandes lettres dans l'anecdote et les vers suivants.

Alexandre, roi de Macédoine, était à Corinthe, prêt à partir contre les Perses. Il voulut voir Diogène, qui se trouvait alors dans cette ville ; et l'ayant trouvé qui se chauffait au soleil : Que veux-tu, lui dit-il, que je t'accorde ? Rien, répondit le philosophe, si ce n'est de t'écarter un peu de mon soleil. Le roi, étonné, s'écria, dit-on : Si je n'étais Alexandre, je voudrais être Diogène.

J'ai vu l'impie adoré sur la terre ;
Pareil au cèdre, il cachait dans les cieux
Son front audacieux ;
Il semblait à son gré gouverner le tonnerre,
Foulait aux pieds ses ennemis vaincus :
Je n'ai fait que passer, il n'était déjà plus.

Modèle du devoir.

Alexandre commence par une majuscule, parce que c'est un nom propre d'homme ; *Macédoine*, parce que c'est un nom propre de pays, etc.

---

59. L'accent AIGU se met sur les *e* fermés (é) non modifiés par une consonne, comme dans *bonté*.

60. L'accent grave se met :

1° Sur les *e* ouverts (è) non modifiés par une consonne ou par un accent circonflexe, comme dans *père, avènement.*

2° A la fin des mots en *ès,* comme *décès, progrès.*

3° Comme signe de distinction sur *a, e, u,* dans certains mots, comme *là, dès, où,* qui s'écrivent aussi *la, des, ou.*

61. L'accent circonflexe (^) se met :

1° Sur la plupart des voyelles longues, ordinairement pour remplacer *s,* dont elles étaient suivies autrefois, comme dans *forêt* (forest), *apôtre* (apostre).

2° Comme signe de distinction sur *u* des mots *dû, tû, crû, sûr, mûr,* qui s'écrivent aussi *du, tu, cru, sur, mur.*

EXERCICE 25ᵉ.

Dire pourquoi les accents dans les mots qui suivent.

Abbé, duché, péché, marché, procédé, fée, apogée, journée, séné, épopée, été, charité, révoqué, dévoué, aspérité, extrémité, côté, éternité, légitimité, collége, privilége.

Père, mère, frère, algèbre, sèche, poète, siècle, nèfle, règle, bègue, arête, amèrement, stère, sphère ; abcès, accès, près, après, auprès, cyprès, exprès, procès, progrès, décès, congrès, grès, très.

Théâtre, acariâtre, verdâtre, relâche, chaîne, traître, prêcheur, grêle, entêté, sûreté, fête, intérêt, arrêt, jeûner, mûrir, traîner, ancêtres, champêtre, aumône, trône, connaître, il paraît.

Modèle du devoir.

E de *abbé* est surmonté d'un accent aigu parce que c'est un *e* fermé non modifié par une consonne, etc.

---

62. Le tréma est un signe de séparation formé de deux points placés horizontalement sur *i, u, e,* pour les faire prononcer séparément d'une voyelle précédente : *égoïste* (égo-iste), *Saül* (Sa-ul), *ciguë* (cigu-e), qui sans le tréma se prononceraient *égoiste, Saul, cigue.*

63. La cédille est un petit signe que l'on met sous le *c* (ç) pour l'adoucir devant *a, o, u.* Exemples : *deçà, hameçon, aperçu.*

EXERCICE 26e.

Dire pourquoi le tréma dans le premier alinéa, et la cédille dans le second.

Aï, Adonaï, Sinaï, Isaïe, haïr, maïs, Tanaïs, Caïn, Saül, Aristonoüs, égoïsme, héroïsme, héroïque, héroïne, ciguë, ambiguë, contiguë, aiguë, bisaiguë.

Façade, façon, arçon, soupçon, hameçon, tronçon, garçon, conçu, perçu, reçu, çà et là, il commença, Français.

Modèle du devoir.

I de *Aï* est marqué d'un tréma pour être séparé de *a*, avec lequel il formerait sans cela la voyelle composée *ai ;* etc.

---

64. L'apostrophe est un signe d'élision qui remplace *a, e, i,* à la fin de certains mots devant une voyelle ou *h* muet. Exemples : *l'armée* au lieu de *la armée, l'histoire* au lieu de *la histoire, l'argent* au lieu de *le argent, il m'aime* au lieu de *il me aime, qu'il parte* pour *que il parte, s'il veut* pour *si il veut.*

EXERCICE 27e.

Dire pourquoi l'apostrophe dans les phrases suivantes.

L'âme est immortelle. — L'espoir soutient l'homme dans l'adversité. — L'histoire est l'école des peuples et des rois. — Résistons jusqu'à la fin. — Rien n'est impossible à qui a la volonté. — Puisqu'il le faut, résignons-nous. — Les hommes doivent s'entr'aider, s'ils le peuvent, et autant qu'ils le peuvent. — Si l'on (*) travaille, on est sûr de réussir.

Modèle du devoir.

L' dans *l'âme* est mis pour *la*, dans *l'espoir* pour *le*, dans *l'adversité* pour *la*, etc.

(*) *L'* devant *on* est ce qu'on appelle *l* euphonique.

65. Le trait-d'union (-) sert ordinairement à joindre les membres d'une expression composée. Exemples : *chou-fleur, fer-à-cheval, vingt-cinq, moi-même, gagne-petit.*

EXERCICE 28ᵉ.

Pourquoi le trait-d'union dans les mots suivants.

Cerf-volant, hôtel-Dieu, loup-garou, feu-follet, arc-boutant, arc-en-ciel, boute-en-train, réveille-matin, garde-malade, couvre-feu, porte-respect, sous-lieutenant, demi-heure, pince-sans-rire, brûle-tout, belle-de-nuit, essuie-mains, couvre-pieds, cure-dents, va-nu-pieds, tête-à-tête.

Modèle du devoir.

Il y a un trait-d'union entre *cerf* et *volant* de *cerf-volant*, parce que ces deux mots n'en forment pour ainsi dire qu'un, représentant une chose qui porte ce nom-là, etc.

---

66. Le trait-de-séparation (—) a deux fois la longueur du trait-d'union. Il sert :

1° A indiquer dans un dialogue un changement d'interlocuteur.

2° A séparer des phrases détachées.

EXERCICE 29ᵉ.

Dire à quoi sert ici le trait-de-séparation.

Regardez-bien, ma sœur, disait la grenouille, est-ce assez? dites-moi, n'y suis-je point encore? — Nenni. — M'y voici donc? — Point du tout. — M'y voilà? — Vous n'en approchez point. — Le temps s'écoule comme l'onde. — Connais-toi toi-même. — Un tiens vaut mieux que deux tu l'auras. — La goutte qui tombe finit par consumer la pierre. — Il faut faire contre mauvaise fortune bon cœur.

Modèle du devoir.

Le premier trait-de-séparation indique que ce n'est plus la grenouille, mais sa sœur qui va parler, etc.

67. La parenthèse est formée de deux crochets () renfermant une explication qui interrompt le discours.

68. Les guillemets (« ») renferment des paroles citées.

69, 70. Les signes de ponctuation servent à diviser plus ou moins le discours écrit. Il y a la virgule (,), le point-avec-virgule (;), les deux points (:), le point (.), le point interrogatif (?), le point exclamatif (!), les points suspensifs (...).

EXERCICE 30ᵉ.

Faire remarquer les divers signes de ponctuation dans les morceaux suivants.

Ces insensés croyaient (quelle erreur effroyable!)
Que le sang des mortels est au ciel agréable. —
La peste (puisqu'il faut l'appeler par son nom)
　Faisait aux animaux la guerre. —
　Si je... (mais il n'acheva pas,
　Car il avait l'âme trop bonne)
　Allez, dit-il, je vous pardonne. —
Un songe (me devrais-je inquiéter d'un songe)
Entretient dans mon cœur un chagrin qui le ronge.

Un jour, Frédéric II, roi de Prusse, trouva un de ses pages endormi sur une chaise dans l'antichambre. Apercevant un papier écrit, dont un bout sortait de la poche du dormeur, il eut la curiosité de le lire. C'était une lettre de la mère du page, où elle le remerciait d'un secours en argent qu'il lui avait envoyé. Touché de cette piété filiale, Frédéric glissa dans la poche de l'enfant un rouleau d'or, rentra dans son appartement, et sonna. Le page court à moitié éveillé. Vous dormiez? dit le Roi, feignant de la colère. Tout en tâchant de s'excuser, le jeune homme avait mis la main dans sa poche, qu'il sentait plus lourde que de coutume. Il en retira le rouleau de ducats et se prit à trembler. Qu'avez-vous? dit le roi. Ah! sire, répond le page, quelqu'un veut me perdre, je ne sais d'où vient cet or. Je le sais, moi, reprend Frédéric tout ému; envoyez cette somme à votre mère, mon brave enfant; et assurez-la que j'aurai soin d'elle et de vous.

PREMIÈRE PARTIE.

ESPÈCES DE MOTS.

CHAPITRE PREMIER.

DÉFINITIONS.

NOM.

72. Le nom est un mot qui sert à nommer les personnes et les choses.

EXERCICE 31e.

L'élève extraira de vive voix les noms contenus dans les phrases suivantes, ou les soulignera en écrivant.

Paris est le pays des merveilles. — L'homme bienfaisant est la providence des pauvres. — La vue d'un arc-en-ciel réjouit le cœur et les yeux. — Des nuées de sauterelles ravagent quelquefois le sol africain.

Rome est une ville célèbre. — Il faut prendre aux cheveux les occasions et les pensées. — Les plus utiles monuments, comme édifices, sont les écoles et les hôtels-Dieu. — Une multitude d'hommes souffrent à côté d'un petit nombre d'heureux qui jouissent.

Clovis fut un grand roi, mais un méchant homme. — L'esprit humain se perd au milieu de ses projets vains et frivoles. — La foule des humains court après les richesses.

Modèle du devoir.

DE VIVE VOIX. — *Paris* est un nom, servant à nommer une chose (une ville). *Pays* est un nom, servant à nommer une chose. *Merveilles* est un nom, servant à nommer des choses. *Homme* est un nom, servant à nommer une personne, etc.

PAR ÉCRIT. — *Paris* est le *pays* des *merveilles.* — *L'homme*, etc.

ARTICLE.

73. Il n'y a d'articles que *le*, *la*, *les*, *du*, *des*, *au*, *aux*.

74. *Le*, *la*, *les* ne sont articles que suivis d'un nom.

EXERCICE 32ᵉ.

Extraire de vive voix, ou souligner, en écrivant les phrases suivantes, les articles qu'elles renferment.

Le ciel est haut. — La terre est ronde. — Les hommes sont frères. — Nous devons respecter les lois et pratiquer la vertu.

C'est dans la fleur qu'il faut préparer les fruits, c'est avec des enfants que l'on fait des hommes.

Le moment du péril est celui du courage.

Si vous êtes devenus les dépositaires des secrets d'autrui, gardez-les scrupuleusement, et ne les trahissez jamais.

Les mortels sont égaux; ce n'est pas la naissance, c'est la seule vertu qui fait la différence.

Le bonheur des méchants comme un torrent s'écoule.

Dieu a donné aux hommes la raison pour qu'ils la suivent, et non pour qu'ils la foulent aux pieds.

Fussiez-vous au fond des abîmes, la main des Dieux saurait vous en tirer.

Le monde est plein du bruit de son nom, depuis le levant jusqu'au couchant, et du midi au septentrion.

Modèle du devoir.

DE VIVE VOIX. — *Le* est un article, déterminant *ciel*. *La* est un article, déterminant *terre*. *Les* est un article, déterminant *hommes*, etc.

PAR ÉCRIT. — *Le* ciel est haut. — *La* terre est ronde. — *Les* hommes sont frères, etc.

75, 76. *Le*, *la* s'écrivent *l'* devant un mot commençant par une voyelle ou par *h* muet. Pour connaître si *l'* est mis pour *le* ou pour *la*, on introduit par la pensée entre *l'* et le nom un mot qualificatif commençant par une consonne.

EXERCICE 33ᵉ.

Écrire les mots suivants en les faisant précéder de le, la, l', selon le cas.

Ciel, terre, étui, année, règle, temps, oiseau, malheur, misère, infortune, travail, peine, occupation, table, tableau, orgueil, bonheur, bonté, vertu, défaut, village, ville, hiver, adresse, dextérité, temple, église, tempête, orage, neige, froid, froidure, horizon, fête, festin, objet, été, cousin, cousine, jouet, jardin, rose, œillet, théâtre, acteur, chat, chatte, omoplate, combat, bataille, engagement, embuscade.

Modèle du devoir.

Le ciel, la terre, l'étui, l'année, la règle, etc.

EXERCICE 34ᵉ.

Introduire devant le nom précédé de l' un qualificatif commençant par une consonne, et faire ainsi ressortir le ou la.

L'ouvrage, l'étoffe, l'ivoire, l'amorce, l'abus, l'oie, l'ivresse, l'enfant, l'entorse, l'argent, l'horloge, l'hospice, l'hôtel, l'hermine, l'huile, l'hymen, l'honneur, l'hécatombe.

Modèle du devoir.

Le bel ouvrage, la belle étoffe, le bel ivoire, la bonne amorce, le grand abus, etc.

EXERCICE 35ᵉ.

Dire si l' est mis pour le ou pour la dans les articles des phrases suivantes.

L'envie, l'indolence, l'ambition et l'avarice sont les passions de l'égoïste.

L'insensibilité dans un enfant me désespère. Je préfère le vice à l'indifférence, et la méchanceté à l'apathie.

L'honnêteté vaut mieux que la richesse, et l'intérêt doit passer après la vertu.

Modèle du devoir.

L'envie est pour *la envie*, parce que l'on peut dire *la grande envie*. *L'indolence* est pour *la indolence*, parce que l'on peut dire *la grande indolence,* etc.

PRONOM.

77. Le pronom est un mot qui remplace le nom. Comme le nom, il représente les personnes et les choses, mais il ne les nomme pas. Ainsi, le mot *moi* représente une personne, mais ce n'est pas le nom de cette personne; de même *toi, lui, nous, vous,* etc.

EXERCICE 36ᵉ.

Extraire de vive voix les pronoms de cet exercice, ou les écrire en les soulignant.

Je cours, tu cours, il court, nous courons, vous courez, ils courent. — Je me flatte, tu te flattes, il se flatte, nous nous flattons, vous vous flattez, ils se flattent. — Je le vois, tu la connais, il les trompera, nous leur parlerons, vous lui répondrez, ils en sont contents, nous y tenons, je suis pour eux, pensez à elles, on n'est bon à rien quand on n'est bon qu'à soi.

Savons-nous l'avenir auquel Dieu nous a destinés? La seule chose dont nous soyons bien certains, c'est que nous mourrons.

Les difficultés qui nous avaient effrayés tombent quand nous osons les attaquer avec courage et résolution.

Un juge sur l'infaillibilité duquel nous pouvons compter, c'est la conscience.

Quels regrets seront les vôtres des moments précieux que vous aurez perdus!

Nous voyons trop les défauts d'autrui, et pas assez les nôtres.

Ceux-là seulement réussissent qui savent supporter la fatigue, et que les obstacles n'ont jamais arrêtés.

Que de choses on apprend tous les jours auxquelles on ne songeait même pas !

A quoi serviront les regrets sur la perte du temps ? à rien ; tous le savent, personne n'y pense.

Plusieurs se sont repentis d'avoir trop parlé, nul n'a jamais regretté de s'être tû.

La sagesse n'a rien d'austère ni d'affecté : elle seule donne les vrais plaisirs ; elle seule sait les rendre purs et durables.

Modèle du devoir.

DE VIVE VOIX. — *Je* est un pronom, parce qu'il tient la place d'un nom (celui de la personne qui parle). *Tu* est un pronom, parce qu'il tient la place d'un nom (celui de la personne à qui l'on parle). *Il* est un pronom, parce qu'il tient la place d'un nom. etc.

PAR ÉCRIT. — *Je* cours, *tu* cours, *il* court, *nous* courons, etc.

ADJECTIF.

78-82. L'adjectif est un mot que l'on ajoute au substantif pour marquer une manière d'être. On le connaît à la présence du substantif auquel il est joint.

EXERCICE 37e.

Extraire de vive voix et écrire en les soulignant les adjectifs des alinéas suivants.

Quel ravissant spectacle que celui d'une belle nuit d'été !

Soyez officieux, complaisant, doux, affable, poli, d'égale humeur, et vous serez aimable.

C'est sur une bienveillance réciproque que repose la société humaine.

De même qu'une bonne terre produit de riches récoltes, de même un esprit docile et appliqué donne des fruits abondants.

J'aime un enfant vif et ardent au jeu, pourvu que, dans l'occasion, il soit studieux et docile.

L'estime publique et une conscience satisfaite récompensent de ses bonnes œuvres l'homme vertueux.

Nos actes sont réglés par nos sentiments, nous devons donc mettre toute notre attention à bien diriger les mouvements de notre cœur.

J'ai perdu mon temps et ma peine lorsque mes efforts ont tendu à un autre but que celui de ma perfection.

Chaque chose a ses attraits et ses charmes, mais surtout une bonne action.

Craignez la mollesse et le luxe. Ces pensées ne doivent pas occuper un homme sérieux. Son cœur ne sera jamais sensible à ces vains plaisirs ; jamais il ne sera vaincu par les charmes de cette vie lâche et efféminée, et il fuira comme dangereuses et funestes ces trompeuses douceurs.

Pratiquez la justice et surtout la bonté : ces deux vertus remplacent toutes les autres.

L'âge de l'homme n'arrive guère aujourd'hui à cent ans ; les anciens patriarches vivaient quelquefois, dit-on, au delà de neuf cents ans.

Il y a peu d'époques aussi remarquables dans l'histoire que l'année mil sept cent quatre-vingt-neuf.

La vanité de la gloire humaine a coûté le sang de combien de millions d'hommes !

Puisque les premières impressions sont les plus durables, ne donnons que de bons exemples.

Le second mouvement est rarement exempt d'égoïsme.

Quelle est cette déesse énorme, ou plutôt ce monstre difforme, tout couvert d'oreilles et d'yeux ?

Sur quelque préférence une estime se fonde, et c'est n'estimer rien qu'estimer tout le monde.

L'homme ne trouve nulle part son bonheur sur la terre.

Modèle du devoir.

De vive voix. — *Quel* est un adjectif joint au substantif *spectacle*. *Ravissant* est un adjectif joint au substantif *spectacle*. *Belle* est un adjectif joint au substantif *nuit*. *Officieux* est un adjectif joint à *vous* sous-entendu, etc.

Par écrit. — *Quel ravissant* spectacle que celui d'une *belle* nuit ! — (Vous) soyez *officieux, complaisant*, etc.

VERBE.

85-86. Le verbe exprime que l'on est ou que l'on fait quelque chose. On le connaît à la possibilité d'y joindre les pronoms *je, tu, il, nous, vous,* de cette manière : *je cours, tu cours, il court, nous courons, vous courez, ils courent.*

EXERCICE 38ᵉ.

Extraire de vive voix et par écrit les verbes contenus dans la petite anecdote suivante, ou les souligner en les écrivant, soit comme copie, soit sous la dictée.

Marie, jeune fille de quinze ans, se rendait gaîment à la ville voisine, afin d'y acheter, du fruit de ses économies, une robe neuve et d'autres objets de parure. La joie remplissait son cœur, à la pensée qu'elle serait la plus belle de toutes à la prochaine fête du village. Pendant que, chemin faisant, elle était ainsi occupée de son bonheur, elle rencontra une pauvre femme qui fondait en larmes, et elle apprit que la malheureuse manquait de tout, ainsi que sa famille. Alors elle ne pensa plus aux belles choses qu'elle allait acheter. Elle donna tout ce que sa bourse contenait; et sentit, à l'émotion de son cœur, qu'une bonne action vaut mieux que la plus belle parure.

Modèle du devoir.

DE VIVE VOIX. — *Rendait* est un verbe, parce que l'on peut dire *Je rends, tu rends, il rend, nous rendons, vous rendez, ils rendent. Acheter* est un verbe, parce que l'on peut dire : *J'achète, tu achètes, il achète, nous achetons, vous achetez, ils achètent.* etc.

PAR ÉCRIT. — Marie, jeune fille de quinze ans, se *rendait* gaîment à la ville voisine, afin d'y *acheter*, du fruit de ses économies, etc.

PRÉPOSITION.

87-88. La préposition est un mot qui se place avant le substantif pour le joindre à un mot qui précède. On nomme *complément* de la préposition le substantif qui la suit.

EXERCICE 39ᵉ.

Extraire de vive voix du présent exercice les prépositions qui y sont contenues; ou les écrire en les soulignant.

Travaillons avec persévérance à notre avancement dans le bien, sans nous laisser décourager par les difficultés, ni détourner par le vain attrait de la richesse et du plaisir.

Si vous faites un procès à votre voisin, vous pouvez compter sur des frais ruineux, sans aucune certitude pour le gain de votre cause; car elle peut tourner aussi bien pour que contre votre adversaire, malgré l'assurance contraire de l'homme de loi.

Tout est perdu hors l'honneur, écrivait François Iᵉʳ à sa mère, après la perte d'une grande bataille dans laquelle il avait été fait prisonnier.

Bonté de Dieu, de l'âme, de l'homme, etc. — *Avide* de science, de louange, d'argent, etc. — *Parler* de Dieu, de la guerre, de soi, etc. — *Beaucoup* de candeur, de raison, de fortune, etc. — *Propre* à la guerre, à la chasse, etc. — *Écrire* à quelqu'un, pour quelqu'un, contre quelqu'un, etc. etc.

Modèle du devoir.

DE VIVE VOIX. — *Avec* est une préposition, joignant le substantif persévérance, qui suit, à *travaillons*, qui précède. *A* est une préposition joignant le substantif *avancement*, qui suit, à travaillons, qui précède. *Dans* est une préposition, joignant le substantif *bien*, qui suit, à *avancement*, qui précède. *Sans* est une préposition, joignant l'expression substantive *laisser*, qui suit, à *travaillons*, qui précède (travaillons sans nous laisser, etc.), etc.

PAR ÉCRIT. — Travaillons *avec* persévérance *à* notre avancement *dans* le bien, *sans* nous laisser décourager, etc.

ADVERBE.

88-91. L'adverbe est un mot qui s'ajoute au verbe ou à l'adjectif ou à un autre adverbe pour le modifier. Il se distingue de la préposition en ce que celle-ci a toujours un complément, et que l'adverbe n'en a pas.

EXERCICE 40e.

Extraire de vive voix, ou bien souligner en écrivant sous la dictée, ou autrement, les adverbes des phrases suivantes.

Autrefois je croyais toujours savoir assez, maintenant je vois que je ne sais presque rien.

Courez bien vite où vous savez qu'un malheureux vous attend ; et là, n'épargnez ni votre argent ni vos soins.

Il vaut mieux assurément souffrir une injustice que de la faire.

Ne désespérons jamais, bientôt peut-être viendra la délivrance.

L'homme véritablement bon se porte spontanément au secours du malheureux ; il fait le bien gratuitement, sans tourner jamais ses regards sur lui-même.

Ne remettons pas à demain ce que nous pouvons faire aujourd'hui.

Se lever et se coucher tôt, manger et boire sobrement, voilà pour la santé du corps ; réfléchir, ne pas croire légèrement et s'abstenir à propos, voilà pour celle de l'esprit ; penser chastement, agir avec conscience, et ne faire sciemment aucun mal, voilà pour celle du cœur.

Le chêne disait dédaigneusement au roseau : Que je vous plains ! En vérité la nature vous a traité bien durement. Toujours près d'être renversé par le moindre souffle, vous êtes continuellement dans la crainte. Il en est tout autrement de moi. Je lutte victorieusement contre les vents les plus impétueux. Il n'avait pas encore achevé ces mots que soudain un orage éclata. L'arbre tint bon, mais enfin il succomba. Le roseau, lui, avait seulement baissé la tête à chaque coup de vent.

Modèle du devoir.

DE VIVE VOIX. — *Autrefois* est un adverbe, modifiant le verbe *croyais*. *Toujours* est un adverbe, modifiant le verbe *croyais*. *Assez* est un adverbe, modifiant le verbe *savoir*, etc.

PAR ÉCRIT. — *Autrefois* je croyais *toujours* savoir *assez*. *Maintenant* je vois, etc.

CONJONCTION.

92. La conjonction est un mot qui sert à lier deux propositions ou deux parties d'une proposition.

93. Les conjonctions sont *et, ou, ni, mais, or, car, que, lorsque, puisque, quoique, quand, comme, si.*

EXERCICE 41e.

Reconnaître de vive voix, et par écrit en les soulignant, les conjonctions des phrases suivantes.

Paul travaille et fait des progrès. — Paul ne travaille ni ne fait des progrès. — C'est oui ou c'est non. — Il faut qu'une porte soit ouverte ou fermée. — La vertu et le vice se disputent notre cœur : est-ce la vertu ou le vice qui l'emportera ? — La richesse ni la grandeur ne nous rendent heureux. — Le sage méprise la gloire, car il en connaît la futilité. — La science est précieuse, mais elle ne s'acquiert que par le travail.

N'oublions pas que les hommes sont frères, et courons au secours de l'infortune lorsque nous le pouvons.

Quelles que soient les difficultés, nous en triompherons par l'énergie et la persévérance.

Quoique la voie du ciel soit ardue et difficile, beaucoup y sont arrivés à force de courage et de vertu.

Résignons-nous au travail, puisque c'est la condition de notre existence.

Il faut, comme dit le proverbe, prendre le temps comme il vient, et les hommes comme ils sont.

Que l'homme serait humble et modeste s'il se connaissait lui-même !

Modèle du devoir.

DE VIVE VOIX. — *Et* est une conjonction, liant deux propositions (Paul travaille, Paul fait des progrès). *Ni* est une conjonction, liant deux propositions (Paul ne travaille pas, Paul ne fait pas de progrès). *Ou* est une conjonction, liant les deux propositions *C'est oui, c'est non*; etc.

PAR ÉCRIT. — Paul travaille *et* fait des progrès. — Paul ne travaille *ni* ne fait des progrès. — C'est oui *ou* c'est non, etc.

94-98. Certaines conjonctions présentent des difficultés d'analyse : *ou* est souvent adverbe et s'écrit alors *où*; *que* est souvent pronom, quelquefois adverbe. *Quand* est assez souvent adverbe, *quant* l'est toujours suivi de *à*; *si* est adverbe dans certains cas; enfin beaucoup d'adverbes sont quelquefois employés comme conjonctions.

EXERCICE 42e.

Distinguer de vive voix les conjonctions des mots avec lesquels on peut les confondre, et, en les écrivant, dénommer entre parenthèses les mots équivoques.

Nous sommes libres de faire le bien ou le mal, mais nous savons parfaitement où est le mal et où est le bien.

Vous vous sauverez ou vous vous perdrez, selon que vous fréquenterez des bons ou des méchants. L'habitude est un courant où l'on est entraîné malgré soi.

Que de misères dans la vie, et que de courage il faut pour n'en être pas accablé ! Que deviendrions-nous si nous n'avions pour nous soutenir le sentiment de notre dignité ?

Que ne cherchez-vous le bonheur où il est, c'est-à-dire dans la vertu ?

Le bien que nous aurons fait nous sera rendu au centuple.

Quand tous seront-ils plus heureux ? Je pense, quant à moi, que ce sera quand chacun voudra s'occuper un peu moins de soi, un peu plus des autres.

Travaillez pendant que vous êtes jeunes, il sera trop tard quand l'âge des infirmités sera venu.

Jusques à quand l'homme sera-t-il le jouet de sa vanité ?

On peut trouver des objections à tous les arguments de la raison humaine; quant à ceux de la conscience, ils sont irréfutables.

Tout est possible, facile même, quand on veut véritablement.

Si les hommes étaient raisonnables, que d'ennuis ils s'é-pargneraient ! mais ils le sont si peu !

Le ciel a raison de ne pas exaucer tous nos vœux : nous lui en adressons quelquefois de si étranges !

Si la science est si utile, nous devons l'acquérir à tout prix et par tous les moyens.

La douleur te vaincra si tu faiblis, tu la vaincras si tu es ferme.

On ne saura jamais combien l'ambition a coûté de larmes et de sang.

L'homme colère commence par s'emporter, ensuite il réfléchit, puis il se calme, et enfin reconnaît ses torts : n'est-ce pas par la fin qu'il devrait commencer ?

Je ne sais pourquoi l'homme fait si souvent le mal, quand sa conscience ne cesse de lui montrer la route du bien.

Modèle du devoir.

DE VIVE VOIX. — Le premier *ou* est une conjonction, parce qu'il signifie *ou bien* ; les deux derniers sont des adverbes, modifiant le verbe *est*.

Dans la seconde phrase, les deux premiers *ou* sont des conjonctions, signifiant *ou bien* ; le dernier est un adverbe, modifiant le verbe *est entraîné* ; etc.

PAR ÉCRIT. — Nous sommes libres de faire le bien *ou* (conj.) le mal, mais nous savons parfaitement *où* (adv.) est le mal et *où* (adv.) est le bien ; etc.

INTERJECTION.

99. L'interjection est un mot exclamatif qui exprime les mouvements vifs et subits de l'âme.

EXERCICE 43e.

Extraire de vive voix et écrire en les soulignant les interjections des phrases suivantes.

Oh ! le beau rêve que celui du bonheur universel, et que n'est-il, hélas ! une réalité !

Ah ! quel malheur que nous n'ayons pas été prévenus !

Hélas ! on voit que de tout temps les petits ont pâti des sottises des grands.

Ah ! que de la vertu les charmes sont puissants !

Ouf ! je me sens déjà pris de compassion. Ce que c'est qu'à propos toucher la passion !

Eh ! foin de la vie ! qu'on ne m'en parle plus.

Fi ! ne m'approchez pas ; partez, je vous l'ordonne.

Hé ! monsieur, peut-on voir souffrir les malheureux ?

Holà ! arrêtez. — Hé bien ! est-ce fini ? — Eh bien ! il n'a pas voulu nous écouter. — Hum ! la chose mérite qu'on y pense. — Oh ! je n'y survivrai pas. — Hé ! messieurs, tour à tour exposons notre droit. — Çà ! voyons, de quoi s'agit-il ? Ho ! là-bas, venez donc, on n'attend plus que vous.

Hélas ! est-ce une loi sur notre pauvre terre, que toujours deux voisins auront entre eux la guerre ?

Çà ! messieurs les chevaux, payez-moi de ma peine.

Modèle du devoir.

DE VIVE VOIX. — *Oh !* est une interjection, marquant l'admiration. *Hélas !* est une interjection, marquant la douleur, etc.

PAR ÉCRIT. — *Oh !* le beau rêve que celui du bonheur universel, et que n'est-il, *hélas !* une réalité ! etc.

RÉCAPITULATION.

EXERCICE 44ᵉ.

Extraire de vive voix et par listes écrites les noms, les articles, les pronoms que, etc., renferme le morceau suivant.

Hélas ! que d'horribles malheurs la guerre entraîne après elle ! Quelle fureur affreuse pousse les malheureux mortels ! Ils ont si peu de jours à vivre sur la terre ! Ces jours sont si misérables ! Pourquoi précipiter une mort déjà si prochaine ? Pourquoi ajouter tant de désolations affreuses à l'amertume dont le ciel a rempli cette vie si courte ? Les hommes sont tous frères, et ils se déchirent les uns les autres ; les bêtes farouches sont moins cruelles. Les lions ne font point la guerre aux lions, ni les tigres aux tigres ; ils n'attaquent que des animaux d'espèce différente ; l'homme seul, malgré sa raison, fait ce que les animaux sans raison ne firent jamais.

Modèle du devoir.

DE VIVE VOIX. — *Hélas !* est une interjection, marquant la douleur. *Que*, signifiant *combien*, est un adverbe, modifiant le verbe *entraîne*. *D'*, mis pour *de*, est une préposition, joignant le substantif *malheurs*, qui suit, à l'adverbe *que*, qui précède. *Horribles* est un adjectif, joint au substantif *malheurs*. *Malheurs* est un nom, parce qu'il nomme des choses, etc.

PAR ÉCRIT. — *Liste des noms.* Malheurs, guerre, fureur, etc.

Liste des articles avec leurs noms. La (guerre), *les* (mortels), *la* (terre), *l'* pour *la* (amertume), *le* (ciel), etc.

AUTRES EXERCICES DU MÊME GENRE.

EXERCICE 45e.

Un loup extrêmement maigre rencontra par hasard un dogue très-beau et très-gras. N'osant l'attaquer, il l'aborda poliment, et lui fit compliment de son embonpoint. Il dépend de vous, lui dit le chien, d'être aussi gras que moi : quittez les bois, où vous manquez de tout, et suivez-moi ; vous aurez un sort bien meilleur. Que me faudra-t-il faire ? demanda le loup. Presque rien, répondit le chien. Le loup était au comble de la joie. Il remarqua, chemin faisant, que le cou du dogue était pelé, et lui en demanda la cause. C'est peut-être, dit le chien, le collier dont je suis attaché. Quoi ! reprit le loup, vous êtes attaché ? vous n'allez pas où vous voulez ? Dans ce cas, adieu ! j'aime mieux mes bois et ma liberté.

Même travail que pour l'exercice précédent.

EXERCICE 46e.

Un charretier s'était embourbé ; et, au lieu de faire le moindre effort pour tirer ses chevaux de ce mauvais pas, il appelait Hercule à son aide. Hercule vint. Voyons, dit-il, ce n'est pas de prières que tu as besoin, mais de vigueur et de bons coups de pioche. Commence par dégager cette roue. Bien ! Maintenant celle-là. Est-ce fini ? A présent, prends ton fouet, et lance tes chevaux. Hu ! C'est fait, tu le vois. Aide-toi, le ciel t'aidera.

Même travail que pour l'exercice 44e.

EXERCICE 47°.

Un agneau se désaltérait à un ruisseau. Un loup s'y désaltérait aussi, mais beaucoup au-dessus du timide animal. Pourquoi troubles-tu mon breuvage ? dit le glouton. — Je ne puis le troubler, répond l'agneau, puisque je bois plus de vingt pas au-dessous de vous. — Tu le troubles, reprend la bête cruelle. D'ailleurs, tu as médit de moi l'an passé. — Je n'étais pas né encore, dit l'agneau tout tremblant. — Alors, c'est ton frère. — Je n'en ai point. — C'est donc quelqu'un des tiens. On me l'a dit, il faut que je me venge. Aussitôt il se jette sur l'agneau, et le dévore.

Même travail que pour l'exercice 44°.

EXERCICE 48°.

Un paysan trouvait, en examinant les choses de la nature, qu'elles n'ont pas été bien organisées. Par exemple, disait-il, pourquoi le gland, qui est un fruit si petit, pend-il à un arbre grand comme le chêne ? Et pourquoi n'est-ce pas plutôt cette citrouille-là ? Évidemment, Dieu s'est trompé. Après ce beau raisonnement, notre homme va s'étendre sous un chêne, et s'endort. Mais voilà qu'un gland lui tombe sur le nez, non sans lui causer une douleur assez vive. Oh ! oh ! s'écrie-t-il en se réveillant, je saigne ! Que serait-ce donc si ce gland avait été une citrouille ?

Même travail que pour le 44°.

CHAPITRE II.

NOM.

Art. I. — Espèces de noms.

115-125. Le nom *propre* est particulier aux individus ; le nom *commun* convient à toute une espèce ; le nom *composé* est formé de plus d'un mot ; le nom

collectif représente une collection ; et il est *général*
ou *partitif* selon que la collection est ou n'est pas déterminée.

EXERCICE 49e.

Extraire de vive voix, et par listes écrites distinctes, les diverses
espèces de noms.

Charles, enfant, demi-aune, quantité, Alpes, montagne,
porte-balle, assemblée, Seine, fleuve, remue-ménage, totalité,
France, contrée, arc-boutant, infinité, Troie, ville, avant-scène,
troupe, Amérique, continent, bout-rimé, moitié, Paul, élève,
martin-pêcheur, couple, Voltaire, génie, porte-drapeau, dou-
zaine, Racine, poëte, amour-propre, rassemblement.

Modèle du devoir.

DE VIVE VOIX. — *Charles* est un nom propre, parce qu'il est particulier à une personne. *Enfant* est un nom commun, parce qu'il
convient à toute espèce d'enfant. *Demi-aune* est un nom composé,
parce qu'il est formé de plus d'un mot. *Quantité* est un collectif,
parce qu'il représente une collection. Il n'est ici ni général ni partitif, n'étant employé que comme mot. etc.

PAR ÉCRIT. — *Liste des noms propres.* Charles, Alpes, etc.
Liste des noms communs. Enfant, montagne, etc., etc.

EXERCICE 50e.

Paris est le pays des merveilles. — L'homme bienfaisant
est la providence des pauvres. — La vue d'un arc-en-ciel
réjouit les yeux et le cœur. — Des nuées de sauterelles ravagent
quelquefois le sol africain.

Rome est une ville célèbre. — La peur est un défaut incu-
rable. — Les monuments les plus utiles, comme édifices, sont
les écoles et les hôtels-Dieu. — Le nombre des ignorants est
immense.

Les deux Corneille se sont distingués dans la république
des lettres. — Les fables de La Fontaine sont autant de chefs-
d'œuvre. — Comme une forêt de mâts se dressait à l'horizon.

Clovis fut un grand roi, mais un méchant homme. — La
paresse et l'oisiveté sont les avant-coureurs de la misère. —
La plupart des hommes honorent la vertu, un très-petit nombre la pratiquent.

Modèle du devoir.

DE VIVE VOIX. — *Paris*, nom propre, parce qu'il est particulier à une ville. *Pays*, nom commun, parce qu'il convient à toute espèce de pays. *Merveilles*, nom commun, parce qu'il convient à toute espèce de merveilles. *Homme*, nom commun, parce que ; etc.

PAR ÉCRIT. — *Liste des noms propres*. Paris, Rome ; etc.

Liste des noms communs. Pays, merveilles , homme ; etc., etc.

129-133. Le nom est *défini* quand l'étendue de sa signification est déterminée. Le nom *abstrait* est une qualification détachée de tout être. Le nom *verbal* vient du verbe.

Le nom est quelquefois employé adjectivement ; et plus souvent l'adjectif est pris comme substantif.

EXERCICE 51ᵉ.

Extraire de vive voix et par listes écrites les noms définis et les noms indéfinis.

La raison doit être le guide de toutes nos actions. — Plus fait douceur que violence. — Les hommes à imagination sont plus sujets que les autres à erreur. — Il y a des gens qui préfèrent au poisson de mer le poisson de rivière. — Les nuits d'été sont quelquefois délicieuses. — La pluie qu'il a fait a rafraîchi la terre. — L'eau de pluie est une eau distillée. — L'arc-en-ciel annonce la fin de l'orage.

Modèle du devoir.

DE VIVE VOIX. — *Raison* est un nom défini, parce qu'il est déterminé par l'article *la*. *Guide* est défini, parce qu'il est déterminé par l'article *le*. *Actions* est défini, parce qu'il est déterminé par l'adjectif *nos*. *Hommes* est défini, parce qu'il est déterminé par l'article *les*. *Imagination* est indéfini, parce qu'il n'est pas déterminé ; etc.

PAR ÉCRIT. — *Liste des noms définis*. Raison, guide, actions, etc.

Liste des noms indéfinis. Imagination, erreur, etc.

EXERCICE 52ᵉ.

Extraire les noms abstraits de vive voix, et par écrit en les soulignant.

C'est la seule vertu qui donne le bonheur. — On ne va pas

à la gloire par un chemin de fleurs. — La paresse va si lentement que la faim l'atteint bientôt. — La vérité ressemble à la rosée du ciel. — L'ennui est entré dans le monde par la paresse. — L'ignorance est la nuit de l'esprit, la science en est la lumière. — Je ne suis qu'ignorance, erreur, incertitude, et de la vérité je fais ma seule étude.

Modèle du devoir.

DE VIVE VOIX. — *Vertu* est un nom abstrait, parce que c'est une qualité détachée de tout être. (On ne dit point ici que quelqu'un soit vertueux). *Bonheur* est un nom abstrait, parce que, etc. *Gloire* est un nom abstrait, parce que, etc., etc.

PAR ÉCRIT. — C'est la seule *vertu* qui donne le *bonheur*. — On ne va pas à la *gloire* par un chemin de fleurs, etc.

EXERCICE 53ᵉ.

Extraire les noms verbaux de vive voix, et par écrit en les soulignant.

Et le financier se plaignait qu'on n'eût pas au marché fait vendre le dormir, ainsi que le manger et le boire. — Aimer est un besoin, haïr est un supplice. — Vouloir, c'est pouvoir. — Laissez dire les sots, le savoir a son prix. — Le lever et le coucher du soleil sont de magnifiques spectacles.

Même genre de travail que pour l'exercice 52ᵉ.

EXERCICE 54ᵉ.

Extraire les noms employés adjectivement, et les écrire en les soulignant.

Je suis plus roi que les rois mêmes si je sais commander à mes passions. — Racine n'est pas moins poëte que Corneille, mais il l'est autrement. — Platon était-il plus philosophe que Diogène, ou Diogène que Platon? — On a cru flétrir la femme auteur par le nom de bas-bleu : cela n'a pas empêché beaucoup de dames de se faire poëtes, orateurs, historiens, et même philosophes.

Même travail que pour l'exercice 52ᵉ.

EXERCICE 55e.

Extraire les adjectifs employés substantivement.

Rien n'est beau que le vrai, le vrai seul est aimable. — Chassez le naturel, il revient au galop. — Ne compte que sur toi, dit le sage. — Le mieux servi est celui qui se sert lui-même. — Ils font partout les nécessaires, et de partout devraient être chassés.

Même genre de travail que pour l'exercice 52e.

ART. II. — GENRE DANS LES NOMS.

135-137. Les noms sont masculins quand ils représentent des êtres mâles, ou qu'ils peuvent être précédés de *le* ou *un*. Ils sont féminins quand ils représentent des êtres femelles, ou qu'ils peuvent être précédés de *la* ou *une*.

EXERCICE 56e.

Faire dire le masculin et le féminin des noms suivants, et les écrire en soulignant le masculin d'un trait, le féminin de deux.

Lion, lionne, génisse, bœuf, veau, vache, âne, ânesse, chienne, chien, dogue, chat, chatte, loup, louve, porc, laie, lièvre, hase, lapin, lapine, dinde, dindon, serin, serine.

Pays, contrée, pierre, caillou, mur, muraille, paroi, table, tableau, crayon, plume, visage, figure, vue, regard, souvenir, mémoire, langage, parole, voix, bras, main, doigt, corps, âme, conte, histoire, vice, vertu, qualité, mérite, ciel, terre, courage, ardeur.

Modèle du devoir.

DE VIVE VOIX. — *Lion* est masculin, parce qu'il représente un être mâle. *Lionne* est féminin, parce qu'il représente un être femelle. *Pays* est masculin, parce qu'il peut être précédé de *le*, etc.

PAR ÉCRIT. — *Lion*, LIONNE, GÉNISSE, *bœuf*, VACHE, *veau, âne*, ANESSE, etc.

EXERCICE 57e.

Introduire de vive voix et par écrit le ou la, un ou une devant les noms suivants.

Bœuf et vache mugissent. — Ane et ânesse braient. —

Cheval et jument hennissent. — Mouton, brebis et chèvre bêlent. — Cerf et biche brament. — Chat et chatte miaulent. — Porc et laie grognent. — Lion et lionne rugissent. — Loup et louve hurlent. — Loriot, serpent, merle, serin et serine sifflent. — Grenouille coasse. — Corbeau croasse. — Tourterelle roucoule.

Modèle du devoir.

DE VIVE VOIX. — *Le* bœuf, parce que ce nom est masculin. *La* vache, parce que ce nom est féminin, etc.

PAR ÉCRIT. — *Le* bœuf et *la* vache mugissent. — *L'* (pour *le*) âne, *l'* (pour *la*) ânesse braient. — *Le* cheval et *la* jument hennissent, etc.

---

138. Dans le discours écrit, les noms féminins sont ordinairement terminés par *e* muet.

EXERCICE 58e.

1° *Écrire au féminin les noms suivants :*

Babillard, campagnard, rat, béat, africain, dizain, grain, nain, cousin, allemand, marchand, gourmand, géant, lourdaud, pataud, nigaud, dévot, manchot.

2° *Écrire au masculin les suivants :*

Bergère, bouchère, rentière, première, dernière, héritière, amie, ennemie, apprentie, Louise, demie, Françoise, bourgeoise, matoise, sournoise, vagabonde, moribonde, furibonde, prompte.

3° *Corriger les noms féminins qui suivent mêlés à des noms masculins. Tous sont écrits ici comme s'ils étaient masculins.*

Abbé, coudé, fossé, duché, bouffé, niché, cogné, procédé, café, poigné, vallé, soiré, défilé, giboulé, canapé, nausé, degré, épé, André, gelé, été, fumé, pavé.

Analogi, alibi, souci, bougi, furi, harpi, lundi, philosophi, monarchi, défi, oubli, maladi, salsifi, perfidi, épi, plui, mari, envi.

Tissu, avenu, fichu, aigu, malentendu, massu, laitu, superflu, moru, impromptu, charru, statu, ru, bourru, recru.

Modèle du devoir.

1° Babillarde, campagnarde, rate, béate, etc.
2° Berger, boucher, rentier, etc.
3° Abbé, coudée, fossé, etc.

138 bis. Il y a des noms féminins qui ne prennent pas *e*.

1° Ceux dont *e* changerait le son final, comme *part, nation*.

2° Les noms abstraits en *té*, comme *bonté*.

3° *Amitié, pitié, moitié, clé*.

4° *Fourmi, houri, gagui, merci*.

5° *Dot*.

6° *Bru, glu, tribu, vertu*.

7° *Cour, tour*.

8° *Foi, loi, paroi*.

9° Les noms en *eur*, autres que *heure* et *demeure*.

10° Les adjectifs *leur, leurs, plusieurs*.

EXERCICE 59e.

Écrire et corriger. Tous les noms sont ici sans E *final.*

Attention, dicté, panacé, activité, onglé, mort, avari, amitié, sailli, foli, fourmi, Normandi, armé, dynasti, dot, contré, monté, bru, demeur, gaîté, pitié, ardeur, envi, berlu, merci, charité, charreté, plui, lubi, destiné, mosqué, foi, réflexion, chanson, aiguillé, hotté, cruauté, glu, barbu, minauderi, cour, loi, saison, avidité, pelleté, duré, coloni, moitié, assiété, renommé, feuillé, nué, heur, dignité, boisson, corvé, pincé, rapsodi, orti, vertu, porté, douleur, chaleur, charru.

Modèle du devoir.

Attention, dictée, panacée, activité, onglée, etc.

---

138 ter. Il y a pareillement, et en très-grand nombre, des noms masculins qui se terminent par *e* :

1° Ceux où la consonne finale a besoin de *e* pour être prononcée, comme *monde, mérite, homme, trône*, etc.

2° Apogée, athée, caducée, coryphée, empyrée, gynécée, hyménée, hyperborée, périgée, pygmée, scarabée.

3° Mausolée, trophée, lycée, et autres noms de monuments.

4° Amphibie, aphélie, bain-marie, génie, impie, incendie, messie, parapluie, périhélie, foie, etc.

EXERCICE 60°.

Écrire et corriger les noms masculins qui suivent. Aucun n'est écrit ici avec E final.

Apogé, abrégé, pâté, traité, athé, aphéli, tripoli, favori, bain-mari, café, coryphé, hyméné, dîné, prytané, alibi, amphibi, pygmé, sublimé, jubilé, mausolé, géni, déni, api, épi, impi, incendi, midi, candi, souci, messi, périhéli, curé, juré, empyré, hyperboré, congé, périgé, trophé, fiancé, caducé, gynécé, fossé, lycé, jubé, scarabé, foi, ennui, parapluï.

Modèle du devoir.

Apogée, abrégé, pâté, traité, athée, etc.

ART. III. — NOMBRE DANS LES NOMS.

140-142. Les noms sont singuliers ou pluriels, selon qu'ils représentent un ou plus d'un.

143. Dans le discours écrit, les noms pluriels sont ordinairement terminés par *s*, que l'on ajoute au singulier, à moins qu'ils ne soient déjà terminés par *s*, *x*, *z*.

EXERCICE 61°.

Mettre au pluriel les noms suivants.

Talent, secret, prière, héros, bienfait, sottise, temps, chant, projet, compas, remords, malheur, haine, époux, goût, peine, succès, esprit, âme, corps, roi, abus, secours, bois, exploit, loi, bourgeois, art, contrée, progrès, accès, peuple, nation, propos, commis, science, rivage, poids, plante, devoir, embarras, chat, moyen, plaisir, loup, jaloux, convoi, anchois, toit, courroie, complet, enclos, cœur, choix, sœur, preux, pavois, écrivain, rubis, tapis, manuscrit, souris, tournois, croix, mois, emploi.

Modèle du devoir.

Talents, secrets, prières, héros, etc.

144, 145. Les noms en *au, eu,* ainsi que *bijou, caillou, chou, genou, hibou, joujou, pou,* prennent *x* au lieu de *s.*

EXERCICE 62°.

Écrire au pluriel.

Aloyau, alleu, clou, bijou, boyau, chevau, cou, noyau, Dieu, chou, eau, préau, feu, coucou, bateau, essieu, fou, chapeau, moyeu, caillou, cadeau, jeu, filou, berceau, enjeu, garou, cerceau, matou, lieu, manteau, pieu, hibou, hameau, épieu, toutou, bureau, adieu, genou, seau, aveu, sou, soliveau, vœu, verrou, étau, neveu, joujou, tableau, bambou.

Modèle du devoir.

Aloyaux, alleux, clous, bijoux, boyaux, etc.

---

146. Les noms en *al* changent *al* du singulier en *aux,* excepté *bal, carnaval, chacal, festival, pal, régal,* qui prennent *s.*

147. Les noms *bail, corail, émail, soupirail, vantail, vitrail* changent *ail* en *aux;* les autres noms en *ail* prennent *s.*

EXERCICE 63°.

Écrire au pluriel.

Amiral, soupirail, carnaval, corail, attirail, animal, éventail, chacal, camail, canal, capital, bail, cardinal, cheval, commensal, festival, détail, émail, étal, fanal, gouvernail, général, hôpital, pal, sérail, madrigal, mal, régal, portail, vantail, original, poitrail, bal, vassal.

Ail (légume), travail (peine, fatigue), travail (machine), travail (expédition d'acte dans les bureaux), ciel (au propre), ciel (au figuré), œil (au propre), œil (au figuré), aïeul.

Modèle du devoir.

Amiraux, soupiraux, carnavals, coraux, etc.

ART. IV. — FONCTIONS DU NOM.

Le substantif (nom ou pronom) est SUJET, COMPLÉMENT OU ATTRIBUT.

158. On appelle *sujet* le substantif répondant à la question *qui est-ce qui?* faite avant le verbe.

EXERCICE 64ᵉ.

Extraire de vive voix, et souligner en écrivant, les sujets que contiennent les phrases suivantes.

La gloire est fragile. — La fortune favorise l'audace. — Nous croyons saisir le bonheur, il nous échappe. — L'homme marche, Dieu le mène. — Les lettres embellissent la vie, elles consolent, elles soutiennent dans l'adversité. — Nous devons nous aider mutuellement. — L'homme est inconstant et frivole : ce qu'il a fait le matin, il le défait le soir. — Comme le feu éprouve l'or, l'adversité éprouve l'homme courageux. — Le masque tombe, l'homme reste, et le héros s'évanouit. — Où allons-nous ? nous l'ignorons ; d'où venons-nous ? Dieu le sait.

Modèle du devoir.

DE VIVE VOIX. — *Gloire* est sujet du verbe *est,* parce qu'il répond à la question *qui est-ce qui est ? Fortune* est sujet du verbe *favorise*, parce qu'il répond à la question *qui est-ce qui favorise ?* etc.

PAR ÉCRIT. — La *gloire* est fragile. — La *fortune* favorise l'audace. — *Nous* croyons saisir le bonheur, *il* nous échappe. — *L'homme* marche, etc., etc.

---

159. On appelle en général *complément* d'un mot le substantif répondant à la question *qui ?* ou *quoi ?* faite après ce mot. Il est *direct* quand il ne renferme pas de préposition, et *indirect* quand il en renferme une.

EXERCICE 65ᵉ.

Extraire de vive voix et par écrit le complément en général.

Dieu ne veut pas la mort du pécheur, il veut sa conversion et son retour au bien. — Ma sœur aime l'étude et la paix ; elle est avide de connaissances, et préfère le savoir à la parure. — Un agneau se désaltérait dans le courant d'une onde pure. — La providence de Dieu se montre en toute chose. Elle a assigné à chacun des êtres son rôle spécial et les qualités nécessaires pour le remplir. A ceux-ci elle a donné la force, à ceux-là la ruse, à l'homme la raison.

Modèle du devoir.

DE VIVE VOIX. — *Mort* est complément de *veut*, parce qu'il répond à la question Dieu ne veut pas *quoi ? Pécheur* est complément de *mort*, parce qu'il répond à la question la mort de *qui ?* etc.

PAR ÉCRIT. — Dieu ne veut pas la *mort* du *pécheur*, il veut sa *conversion* et son *retour* au *bien*, etc.

EXERCICE 66ᵉ.

Extraire de vive voix et par écrit les compléments directs.

Aimons nos frères. — Il a perdu sa fortune, mais conservé son honneur. — Nous avons reçu d'heureuses nouvelles. — Il ont achevé leur tâche. — Lisez les bons auteurs et relisez-les sans cesse. — Si nous faisons le bien, nous en recevrons la récompense; si nous faisons le mal, nous en recevrons le châtiment. — On admire l'homme savant, on aime l'homme modeste, on hait l'homme orgueilleux. — Les livres ornent l'esprit et nourrissent le cœur. — Il vaut mieux employer son esprit à supporter les maux présents qu'à prévoir ceux qui peuvent arriver.

Modèle du devoir.

DE VIVE VOIX. — *Frères* est complément direct de *aimons*, parce qu'il répond sans préposition à la question *qui* faite après *aimons*. (Aimons *qui ?* nos frères). *Fortune* est complément direct de *perdu*, parce qu'il a perdu *quoi ?* sa fortune, etc.

PAR ÉCRIT. — Aimons nos *frères*. — Il a perdu sa *fortune*, mais conservé son *honneur*, etc.

EXERCICE 67ᵉ.

Extraire de vive voix et par écrit les compléments indirects.

Nous travaillons pour vous. — Vous irez bien sans nous. — Ils parlent contre leurs intérêts. — Nous paraîtrons devant Dieu pour lui rendre compte de nos œuvres. — La passion et l'intérêt jettent la division parmi les hommes. — L'âme retourne au ciel, et le corps à la terre. — Résistez avec force aux conseils des méchants. — Travaillez à loisir, quelque ordre qui vous presse, et ne vous piquez pas d'une folle vitesse. — Dieu donne à l'homme les richesses pour qu'il les partage avec ses semblables. — L'imagination s'élance quelquefois par delà les bornes de la vraisemblance jusque dans le pays des chimères. — Les assiégés virent de dessus les remparts la défaite de ceux qui étaient venus les secourir.

Modèle du devoir.

DE VIVE VOIX. — *Vous* est complément indirect de *travaillons* parce qu'il répond, avec la préposition *pour*, à la question *qui?* faite après *travaillons*. (Nous travaillons *pour qui?* pour vous). *Nous* est complément indirect de *irez*, parce que vous irez *sans qui?* sans nous, etc.

PAR ÉCRIT. — Nous travaillons *pour vous*. — Vous irez bien *sans nous*. — Ils parlent *contre leurs intérêts*, etc.

EXERCICE 68ᵉ.

Reconnaître de vive voix et par écrit les compléments du substantif, de l'adjectif et de l'adverbe.

La malice de l'homme est grande, mais la bonté de Dieu est inépuisable. — Soyons dociles aux conseils, attentifs à nos devoirs, indulgents pour autrui, compatissants pour les misères de nos semblables, et utiles à tous. — Beaucoup de choses échappent aux plus instruits. — La gourmandise tue plus d'hommes que le glaive. — La culture de notre intelligence doit passer avant le soin de notre fortune; et la vie de notre âme, avant celle de notre corps. — Devant Dieu, le berger est égal au roi, mais l'homme de bien pauvre est supérieur au riche sans vertu. — Autant de fleurs on avait vues sur les arbres au printemps, autant de fruits on recueillait en automne. — Corneille fut un poëte aux conceptions fortes et hardies, un peintre aux couleurs vives et tranchées. — Le savant est avide de connaissances réelles; et l'érudit, curieux de détails souvent inutiles. — Le sage est au-dessus des injures du sort.

Modèle du devoir.

DE VIVE VOIX. — *Homme* est complément du substantif *malice*, parce que la malice *de qui?* de l'homme. *Dieu* est complément du substantif *bonté*, parce que la bonté *de qui?* de Dieu. *Conseils* est complément de l'adjectif *dociles*, parce que dociles *à quoi?* aux conseils, etc.

PAR ÉCRIT. — La malice de l'*homme* est grande, mais la bonté de *Dieu* est inépuisable. — Soyons dociles aux *conseils*, attentifs à nos *devoirs*, etc., etc.

---

162. Le substantif est attribut lorsqu'il se rapporte à un autre substantif, sans qu'il y ait de préposition. C'est une sorte de qualificatif.

EXERCICE 69°.

Extraire de vive voix et par écrit les substantifs attributs.

La justice est la reine des vertus. — Alexandre et Cyrus ont été l'effroi de la terre. — L'avarice est un vice sordide. — Ces rois, les maîtres du monde, ont été les esclaves de leurs passions. — C'est un bien (cela est un bien) que nous soyons condamnés à souffrir, pourvu que nous appliquions à nos maux le souverain remède, qui est la patience. — Pourquoi craignez-vous, hommes (vous hommes) de peu de foi? — C'est (cela est) une lâcheté que de mentir. — Le plus insensé des hommes est celui qui ne veut pas pardonner. — Rois (vous rois), souvenez-vous de celui qui vous a faits rois. — La souffrance n'a pas cessé d'être le partage de l'homme ici-bas. — La grandeur, la puissance, la beauté, la richesse, tout n'est que vanité. — Le premier qui fut roi fut un soldat heureux. — Lynx (nous lynx) pour les défauts d'autrui, nous sommes taupes pour les nôtres. — On est tout par soi-même, et rien par ses aïeux.

Modèle du devoir.

DE VIVE VOIX. — Le substantif *reine* est attribut de *justice*, parce qu'il en est une sorte de qualificatif. *Effroi* est attribut de *Alexandre et Cyrus*, parce qu'il en est un qualificatif, etc.

PAR ÉCRIT. — La justice est la *reine* des vertus. — Alexandre et Cyrus ont été l'*effroi* de la terre. — L'avarice est un *vice* sordide etc.

CHAPITRE III.

ARTICLE.

ART. I. — ESPÈCES D'ARTICLES.

171-175. Deux espèces d'articles : l'article simple, *le, la, les*, et l'article composé, *du* pour *de le, des* pour *de les, au* pour *à le, aux* pour *à les*.

EXERCICE 70°.

Reconnaître de vive voix les espèces d'articles, et les écrire en soulignant d'un trait les articles simples, et de deux les articles composés.

La richesse, le plaisir, la santé deviennent des maux pour

qui ne sait pas en jouir. — Ce ne sont pas les places qui honorent les hommes, mais les hommes qui honorent les places. — La fin de l'homme, c'est le bonheur; or le bonheur ne peut être que dans la vertu; car c'est là seulement qu'on trouve le calme et la paix. — C'est en obéissant que nous apprendrons à commander aux autres. — Quel spectacle imposant que celui des vagues en furie, lorsque, du fond de l'abîme, elles s'élancent jusqu'au ciel! — L'intelligence distingue l'homme de l'animal sans raison. — L'habitude devient une seconde nature. — L'émulation est-elle, comme on le prétend, le meilleur moyen de conduire les hommes? Ne craint-on pas qu'elle produise l'envie et l'orgueil?

Modèle du devoir.

DE VIVE VOIX. — *La* est un article simple, parce qu'il n'est formé que d'un mot. *Le* est un article simple, parce que, etc. *La* est un article simple, parce que, etc. *Des* est un article composé, parce qu'il est formé de deux mots : *de*, *les*, etc.

PAR ÉCRIT. — *La* richesse, *le* plaisir, *la* santé deviennent DES maux, etc., etc.

ART. II. — GENRE ET NOMBRE DANS L'ARTICLE.

176. L'article prend le genre et le nombre du substantif qu'il détermine. *Le*, *du*, *au* sont masculins singuliers; *la* est féminin singulier; *les*, *des*, *aux* sont pluriels, masculins ou féminins suivant le cas.

EXERCICE 71e.

Reconnaître les articles de vive voix et par écrit, et en désigner le genre et le nombre.

L'Europe est la moins étendue des cinq parties du monde; mais elle en est la plus importante certainement par la population, qui y est proportionnellement plus considérable, et surtout par l'industrie, les sciences et les arts, qui y ont été portés au plus haut point. Le climat y est plus tempéré, grâce à la disposition des montagnes, que dans l'Asie et dans l'Amérique aux mêmes latitudes; et elle n'a pas l'excessive chaleur de l'Afrique. Elle donne des productions abondantes et très-riches, soit à la surface, soit à l'intérieur du sol. On y trouve presque jusqu'au pôle les plantes et les animaux utiles.

Son sein fournit à l'industrie les minéraux les plus indispensa-
bles : l'or et l'argent en petite quantité, mais le fer, le plomb,
l'étain, le cuivre, la houille, etc., en abondance. Son histoire
aussi est des plus remarquables. Sans parler des peuples modernes, les Grecs et les Romains valent bien dans l'antiquité
les Assyriens et les Perses.

Modèle du devoir.

DE VIVE VOIX. — *L'* pour *la* est un article féminin, singulier,
parce qu'il détermine *Europe. La* est un article féminin, singulier,
déterminant *partie* sous-entendu (là partie la moins étendue). *Des*
est un article féminin, pluriel, déterminant *parties*, etc.

PAR ÉCRIT. — *L'* (f. s.) Europe est *la* (f. s.) moins étendue *des*
(f. pl.) cinq parties *du* (m. s.) monde ; etc.

ART. III. — QUELS MOTS L'ARTICLE DÉTERMINE.

157. L'article détermine généralement un nom.
Quelquefois c'est un autre mot, comme, par exem-
ple, le *premier,* les *autres,* le *mieux,* le *pour,* le *contre,*
les *oui,* les *non,* les *si,* les *car,* le *qu'en dira-t-on,* le
connais-toi toi-même, etc.

EXERCICE 72ᵉ.

Extraire par écrit (en liste) les articles avec leurs noms.

Là on trouvait un bois de ces arbres touffus qui portent
des pommes d'or, et dont la fleur, qui se renouvelle dans toutes
les saisons, répand le plus doux de tous les parfums. Ce bois
semblait couronner ces belles prairies, et formait une nuit que
les rayons du soleil ne pouvaient percer. Là on n'entendait jamais que le chant des oiseaux, ou le bruit d'un ruisseau qui,
se précipitant du haut d'un rocher, tombait à gros bouillons
pleins d'écume, et s'enfuyait au travers de la prairie. La grotte
de la déesse était sur le penchant d'une colline. De là on dé-
couvrait la mer, quelquefois claire et unie comme une glace,
d'autres fois follement irritée contre les rochers, où elle se
brisait en gémissant et élevant ses vagues comme des montagnes.

Modèle du devoir.

Des pommes, la fleur, les saisons, le plus doux, les parfums, les rayons, etc.

CHAPITRE IV.

PRONOM.

ART. I. — ESPÈCES DE PRONOMS.

181. Le pronom personnel marque la personne (1re, 2e ou 3e).

EXERCICE 73e.

Reconnaître de vive voix, et par écrit en les soulignant, les pronoms personnels.

L'écolier paresseux trouve toujours que pour lui les heures s'écoulent trop lentement. L'étude l'ennuie, la lecture le fatigue, tout travail lui paraît insupportable. Il trouve tout difficile, et il échoue dans les choses les plus simples. Aussi, ses camarades le méprisent, son maître le punit, sa mère le gronde. Plus tard, il ne sera qu'un ignorant orgueilleux. Je plains le sort d'un tel enfant, et vous engage beaucoup à ne pas lui ressembler. Quelle différence entre lui et l'écolier laborieux! Celui-ci trouve toujours que le temps passe trop vite, et il craint de ne pas l'employer aussi bien qu'il le pourrait. Il n'en perd pas un seul instant, et le consacre tout entier à l'étude. Vous diriez qu'au lieu d'être pour lui une fatigue, le travail lui est au contraire un plaisir, un délassement. Ses parents, ses maîtres, ses camarades même en sont fiers; il est aimé de tous ceux qui l'approchent, et fait déjà la joie de sa famille, en attendant qu'il en devienne l'orgueil et l'appui.

Modèle du devoir.

DE VIVE VOIX. — *Lui* est un pronom personnel, de la 3e personne, représentant quelqu'un dont on parle. *S'* pour *se*, pronom personnel de la 3e personne, représentant les heures. *L'* pour *le*, signifiant *lui* (l'écolier), pronom personnel de la 3ᵉ personne, représentant l'écolier, etc.

PAR ÉCRIT. — L'écolier paresseux trouve toujours que pour *lui* les heures *s'* écoulent trop lentement. L'étude *l'* ennuie, la lecture *le* fatigue, tout travail *lui* paraît, etc.

---

184. Le pronom relatif est celui qui a un antécédent. Il est *personnel*, *réfléchi* ou *conjonctif*.

186-192. Le personnel est *relatif* quand il a un antécédent, sinon il est absolu, comme *je*, *tu*, etc. Il est *réfléchi* quand son antécédent est sujet du verbe. Il est *conjonctif* quand à son antécédent il joint la proposition qui le suit.

EXERCICE 74ᵉ.

Extraire de vive voix les pronoms relatifs, soit personnels, soit réfléchis, soit conjonctifs ; puis les écrire en les soulignant et les marquant d'une des abréviations PERS., RÉFL., CONJ.

Sire, répond l'agneau, que votre Majesté ne se mette pas en colère ; mais plutôt qu'elle considère que je me vas désaltérant dans le courant, plus de vingt pas au-dessous d'elle.

Les pensées morales sont des clous d'airain qui s'enfoncent dans l'âme, et que l'on n'en peut plus arracher.

Pour plaire dans le monde, il faut se laisser apprendre beaucoup de choses que l'on sait, par des gens qui les ignorent.

Justes, ne craignez point le vain pouvoir des hommes, quelque puissants qu'ils soient, ils sont ce (cela) que nous sommes.

Il y a bien peu de sages qui songent à sonder le terrain sur lequel ils vont marcher.

Corneille a des beautés que n'ont pas connues les anciens, et dont ne se sont pas même doutés les modernes.

Nos mains se sécheraient en touchant la couronne, si nous pouvions savoir à quel prix Dieu la donne.

Le meilleur des maîtres est celui dont les leçons sont le plus goûtées.

Ceux qui s'appliquent trop aux petites choses, sont incapables des grandes.

Modèle du devoir.

DE VIVE VOIX. — *Se* est un pronom personnel réfléchi, ayant pour antécédent *Majesté*, sujet du verbe *mette*. *Elle* est un pronom personnel de la 3ᵉ personne; relatif, ayant pour antécédent *Majesté*. *Je* est un pronom personnel de la 1ʳᵉ personne; absolu, n'ayant pas d'antécédent, etc.

PAR ÉCRIT. — Sire, répond l'agneau, que votre Majesté ne *se* (réfl.) mette pas en colère; mais plutôt qu'*elle* (pers. rel.) considère que *je* (pers. abs.) *me* (pers. réfl.) vas désaltérant plus de vingt pas au-dessous d'*elle* (pers. rel.), etc.

---

193. Le pronom possessif marque la possession.

EXERCICE 75ᵉ.

Reconnaître de vive voix les pronoms possessifs, et les écrire en les soulignant.

On voit les maux d'autrui d'un autre œil que les siens.

Quel désespoir fut le leur lorsqu'ils se virent ainsi abandonnés!

Excusons les défauts d'autrui, puisque tous nous avons les nôtres.

En fait d'opinion, laissons chacun avoir la sienne.

Depuis que je n'ai plus de patrie, la vôtre est devenue la mienne.

Ce n'est pas mon malheur qui m'occupe, mais le tien.

L'homme est puni souvent pour des crimes qui ne sont pas les siens.

C'est d'eux que tu descends, c'est de moi que tu viens, ton premier coup d'épée efface tous les miens.

Le plaisir est ton Dieu, le travail est le nôtre.

Modèle du devoir.

DE VIVE VOIX. — *Les siens* est un pronom possessif, représentant des maux à soi. *Le leur* est un pronom possessif, représentant le désespoir d'eux (le leur), etc.

PAR ÉCRIT. — On voit les maux d'autrui d'un autre œil que *les siens*. — Quel désespoir fut *le leur*, etc.

---

194. Le pronom démonstratif sert à montrer.

EXERCICE 76ᵉ.

Reconnaître de vive voix les pronoms démonstratifs et les écrire en les soulignant.

Celui-là seul peut être dit bienfaisant qui fait le bien sans acception des personnes.

Le tigre est plus à craindre que le lion : celui-ci est souvent généreux; celui-là, toujours impitoyable.

Celui qui ne craint pas pour sa vie peut craindre pour celle des siens.

Un bon cœur n'a pas de bonheur plus grand que celui de ses semblables.

Racine et Corneille peignent différemment : celui-ci avec ses propres couleurs; celui-là en adoptant les nôtres.

Nous avons plus d'intérêt à connaître la valeur des mots que celle des monnaies.

Celui-là est digne de commander aux autres qui a appris à se commander à lui-même.

C'est (cela est) se préparer de cruelles déceptions que de chercher le bonheur dans les plaisirs.

Modèle du devoir.

DE VIVE VOIX. — *Celui-là* est un pronom démonstratif, parce qu'il sert à montrer. *Celui-ci* est un pronom démonstratif, parce que, etc.

PAR ÉCRIT. — *Celui-là* seul peut être dit bienfaisant qui fait le bien sans acception des personnes. — Le tigre est plus à craindre que le lion : *celui-ci* est souvent, etc., etc.

---

195. Le pronom indéfini représente des personnes ou des choses indéterminées.

EXERCICE 77ᵉ.

Reconnaître les pronoms indéfinis et les écrire en les soulignant.

Qui ne vit que pour soi n'est pas digne de vivre.

Le mérite de la convenance est moins dans ce qu'on dit que dans ce qu'on ne dit pas.

On mène les hommes où l'on veut par la crainte et par l'espérance.

Est-il personne qui puisse se flatter d'être toujours heureux ?

Quiconque n'a pas encore souffert ne peut se vanter de connaître la vie.

Les hommes ne devraient se croire faits que pour se soulager les uns les autres.

Le mal est que chacun ne songe qu'à soi, et que nul ne compatit qu'à ses propres souffrances.

On ne désire point ce qu'on ne connaît pas.

3.

Est-il rien de plus vain que la gloire des conquérants?

Modèle du devoir.

DE VIVE VOIX. — *Qui* est un pronom indéfini, représentant une personne indéterminée. *Soi* est un pronom indéfini, représentant une personne indéterminée, etc.

PAR ÉCRIT. — *Qui* ne vit que pour *soi* n'est pas digne de vivre. — Le mérite de la convenance est moins dans ce qu'*on* dit que, etc., etc.

ART. II. — GENRE, NOMBRE ET PERSONNE DES PRONOMS.

197. Le pronom prend le genre, le nombre et la personne du substantif dont il tient la place.

EXERCICE 78e.

L'élève reconnaîtra de vive voix, puis marquera à l'aide d'abréviations le genre, le nombre et la personne des pronoms suivants.

Je cours, tu travailles, il parlera, elle est arrivée, nous marchons, vous partez, ils veulent, elles sont parties.

Je me souviens, tu te trompes, il se repent, elle se promène, nous nous flattons, vous vous réjouissez, ils se perdent, elles se font illusion.

Je lui ai promis mon appui, et ne le lui retirerai pas. — Tu leur as nui par trop d'empressement à leur être utile. — Il me fait espérer qu'il nous reviendra. — Vous pouvez compter sur eux et sur moi, puisque vous avez leur parole et la mienne. — Qu'ont-ils donc fait pour que vous les ayez abandonnés?

Modèle du devoir.

DE VIVE VOIX. — *Je* est un pronom personnel, masc., sing., de la 1re personne, parce que c'est la personne qui parle. *Tu* est un pronom personnel, masc., sing., de la 2e pers., parce que c'est la personne à qui l'on parle, etc.

PAR ÉCRIT. — *Je* (masc., sing., 1re pers.) cours, *tu* (masc., sing., 2e pers.) travailles, etc.

CHAPITRE V.

ADJECTIF.

ART. I. — ESPÈCES D'ADJECTIFS.

210. L'adjectif qualificatif marque une qualité bonne ou mauvaise.

EXERCICE 79e.

Reconnaître de vive voix et par écrit les adjectifs qualificatifs.

La valeur brillante, la terre féconde, le guerrier victorieux, le récit fidèle, la gloire futile, les yeux bleus, les mains blanches, la leçon difficile, les généreux efforts, le style correct, les sages préceptes, un bon exemple, la bergère vive et accorte, les vêtements bigarrés, le site pittoresque, les cieux azurés, les hautes montagnes, la vertu magnanime, la mère chérie, les enfants dociles et studieux.

L'expérience est inutile aux hommes amollis et inappliqués. — En l'absence d'idées nouvelles, on fabrique des mots nouveaux. — Les hommes insolents dans la prospérité sont toujours faibles et tremblants dans la disgrâce.

Une vanité franche déplaît moins qu'une fausse modestie. — Vous aurez une heureuse vieillesse si vous avez une jeunesse vertueuse. — Évite de faire des vers méchants, de peur qu'on ne t'accuse de faire de méchants vers.

La vérité est importune aux rois, grâce à la vaine hauteur et à la fausse gloire dans laquelle ils sont élevés. — Les bienfaits sont trop chers s'il faut les mendier. — Flatteurs pernicieux, présent le plus funeste que puisse faire aux rois la colère céleste.

Modèle du devoir.

DE VIVE VOIX. — *Brillante* est un adjectif qualificatif, qualifiant *valeur*. *Féconde* est un adjectif qualificatif, qualifiant *terre*, etc.

PAR ÉCRIT. — La valeur *brillante*, la terre *féconde*, le guerrier *victorieux*, etc.

213. L'adjectif possessif détermine par une idée de possession.

EXERCICE 80ᵉ.

Compléter le tableau suivant :

Avec un seul possesseur et un seul objet possédé.
Mon livre, ma main, mon espérance (pour ma espérance).
Ton livre, etc.
Son, etc.

Avec un seul possesseur et plusieurs objets possédés.
Mes livres, mes, etc.
Tes, etc.
Ses, etc.

Avec plusieurs possesseurs et un seul objet possédé.
Notre livre, notre, etc.
Votre, etc.
Leur, etc.

Avec plusieurs possesseurs et plusieurs objets possédés.
Nos livres, nos, etc.
Vos, etc.
Leurs, etc.

EXERCICE 81ᵉ.

Reconnaître les adjectifs possessifs et les écrire en les soulignant.

Partageons avec nos amis leur bonne et leur mauvaise fortune.

La vertu porte en elle sa récompense, et le crime son châtiment.

Chaque peuple a ses lois, ses usages, ses mœurs.

C'est nous qui nous créons et nos biens et nos maux.

Rendez à l'orgueilleux ses dédains, il vous rendra son estime.

Si vous n'admiriez tant la parure des riches, la finesse et la coupe de leurs habits, l'éclat des bagues qui brillent à leurs doigts, la magnificence de leurs équipages et la somptuosité de leurs festins, croyez-vous qu'ils s'embarrasseraient eux-mêmes de tous ces riens ?

Pardonne leurs défauts aux autres si tu veux qu'on te pardonne les tiens.

Nous sommes comme des médailles que l'on peut regarder de leur bon ou de leur mauvais côté.

Quand on a son ami borgne, il faut le regarder de profil.

Modèle du devoir.

DE VIVE VOIX. — *Nos* est un adjectif possessif, parce qu'il marque la possession. *Leur*, adjectif possessif, parce que, etc., etc.

PAR ÉCRIT. — Partageons avec *nos* amis *leur* bonne et *leur* mauvaise fortune. — La vertu porte en elle *sa* récompense, etc.

---

215. L'adjectif démonstratif détermine en montrant, en indiquant.

EXERCICE 82°.

Reconnaître de vive voix les adjectifs démonstratifs et les écrire en les soulignant.

Ce livre, cet élève (pour *ce* élève), cet homme (pour *ce* homme), ce hameau, cette femme, cette histoire, ces livres, ces élèves, ces hommes, ces hameaux, ces femmes, ces histoires.

On perd jusqu'à la honte du mal, et c'est cette perte qui est la plus funeste de toutes.

Les conquérants sacrifient à la gloire cette vaine idole, le bien le plus vrai et le plus solide de leurs peuples, qui est la paix.

Quand tu seras en danger de faire une faute, pense à ta mère ; ce souvenir te soutiendra.

Où sont-ils aujourd'hui ces conquérants si fameux devant lesquels l'ancien monde a tremblé ? Ce Cyrus si terrible, ce César, cet Alexandre si redoutés, que sont-ils devenus ? Où est cet empire du monde qu'ils avaient rêvé, et cette gloire enfin, achetée par tant de ruines et de sang ?

Rois de la terre, rendez les peuples heureux : cette gloire efface toutes les autres.

O étranger, quel malheur t'a conduit dans cette île ? Je reconnais l'habit grec, cet habit qui m'est si cher. Oh ! qu'il me tarde de trouver sur tes lèvres cette langue que j'ai apprise dès l'enfance, et que je ne puis plus parler à personne depuis si longtemps dans cette solitude !

Modèle du devoir.

DE VIVE VOIX. — *Ce* est un adjectif démonstratif, servant à montrer, à indiquer un livre. *Cet*, adjectif démonstratif, servant à indiquer. (Il est écrit *cet* au lieu de *ce*, parce que le mot suivant commence par une voyelle), etc.

PAR ÉCRIT. — *Ce* livre, *cet* élève, *cet* homme, *ce* hameau, *cette* femme, etc.

216-220. L'adjectif numéral déterminé par le nombre. Il est cardinal ou ordinal.

EXERCICE 83e.

Distinguer les adjectifs numéraux, et les écrire en soulignant les cardinaux d'un simple trait, les ordinaux de deux.

A vingt francs si vous ajoutez quatre-vingts francs, vous formerez cent francs, qui, avec cent nouveaux francs, feront deux cents francs, lesquels, en y ajoutant vingt, donneront deux cent vingt, et par l'addition de quatre-vingt-douze, la somme de trois cent douze francs.

La version des Septante est une traduction de la Bible par soixante-dix docteurs juifs (ils étaient soixante-douze), à la demande de Ptolémée Philadelphe.

Soixante-dix mille hommes de pied et dix mille cavaliers partirent pour la première croisade avec Godefroi de Bouillon.

Le massacre de la Saint-Barthélemy eut lieu le vingt-quatre août mil cinq cent soixante-douze.

Par chacune des cent portes de la Thèbes égyptienne il sortait deux cents chariots armés en guerre et dix mille combattants.

Nos lieues de poste se composent d'à peu près deux milles.

L'année solaire est de trois cent soixante-cinq jours cinq heures quarante-neuf minutes, et l'année lunaire, seulement de trois cent cinquante jours.

L'année romaine se divisait en trois parties, dont la première s'appelait Calendes, la seconde Nones et la troisième Ides.

Mathusalem vécut, dit-on, neuf cent soixante-neuf ans.

Modèle du devoir.

DE VIVE VOIX. — *Vingt* est un adjectif numéral cardinal, parce qu'il sert à compter. *Quatre-vingts* est un adjectif numéral cardinal, parce qu'il sert à compter; composé, étant formé de deux autres adjectifs cardinaux, *quatre* et *vingt*, etc.

PAR ÉCRIT. — A *vingt* francs, si vous ajoutez *quatre-vingts* francs, vous aurez *cent* francs, qui, avec *cent* nouveaux francs, donneront *deux cents* francs, etc.

221-222. L'adjectif indéfini détermine par une idée de généralité donnée aux personnes ou aux choses.

EXERCICE 84º.

Distinguer de vive voix et souligner les adjectifs indéfinis.

Toutes les religions se sont emprunté leurs rites et leurs dogmes.

Aucune loi n'est bonne si elle ne repose sur la nature même.

Quels que soient les hommes, il faut vivre avec eux et les prendre tels qu'ils sont.

Quelques rayons de miel s'étant trouvés sans maître, des mouches se les disputèrent.

Le peuple et les grands n'ont ni les mêmes vertus, ni les mêmes vices.

Il n'y a nulle gloire à vaincre quand la victoire n'offre aucun danger.

La mort de l'avare n'excite aucun regret.

Toute affectation est ridicule, celle même qui consiste à ridiculiser l'affectation.

Tel événement vous désespère qui peut vous conduire au bonheur.

Dans tous les temps, comme chez tous les peuples, la force des choses a décidé de tous les événements.

Quelques talents que vous ayez, gardez-vous d'en être orgueilleux.

Quels regrets doit causer un seul moment perdu !

Modèle du devoir.

DE VIVE VOIX. — *Toutes*, adjectif indéfini, déterminant *religions*. *Aucune*, adjectif indéfini, déterminant *loi*, etc.

PAR ÉCRIT. — *Toutes* les religions se sont emprunté leurs rites et leurs dogmes. — *Aucune* loi n'est bonne si elle ne repose sur la nature *même*, etc.

Art. II. — Genre et nombre dans les adjectifs.

241-243. L'adjectif prend le genre et le nombre de son substantif. S'il en a plusieurs, il est pluriel, et avec des substantifs de différent genre, il se met au masculin pluriel.

EXERCICE 85ᵉ.

Écrire cet exercice sous la dictée, ou le copier en le corrigeant.
Tous les adjectifs sont au masculin singulier.

Le talent récompensé, la vertu récompensé, les talents récompensé, les vertus récompensé.

Le petit garçon appliqué, la petite fille appliqué, mes frères appliqué, mes sœurs appliqué.

L'astre brillant, l'étoile brillant, les feux brillant, les clartés brillant.

Le magistrat respecté, la loi respecté, les hommes de bien respecté, les mœurs respecté.

Le procédé délicat, la table délicat, les mets délicat, les pensées délicat.

Le caractère inquiet, une vie inquiet, des jours inquiet, des nuits inquiet.

Le maître et l'écolier instruit, la mère et la fille instruit.

Le petit garçon et son cousin appliqué, la petite fille et sa cousine appliqué.

L'astre et le fanal brillant, l'étoile et la clarté brillant.

Le magistrat et l'homme de bien respecté, la vertu et la loi respecté.

Un air et un procédé délicat, une mine et une santé délicat.

L'œil et le visage inquiet, une nuit et une journée inquiet.

Le maître et la maîtresse instruit, l'écolier et l'écolière (instruit).

Le petit garçon et la petite fille appliqué, mes frères et mes sœurs appliqué.

L'étoile et le phare brillant, les clartés et les feux brillant.

Le magistrat et la loi respecté, l'ordre et la consigne respecté.

Une pensée et un procédé délicat, une mine et un air délicat.

Une vie et un caractère inquiet, des nuits et des jours inquiet.

Modèle du devoir.

Le talent *récompensé*, la vertu *récompensée*, les talents *récompensés*, les vertus *récompensées*, etc.

EXERCICE 86°.

Écrire sous la dictée ou copier en corrigeant, comme le précédent.

La fortune est changeant, et ses faveurs trompeur.

Comment les hommes incertain dans leurs principes ne seraient-ils pas inconséquent dans leurs actions ?

Plus l'offense est grand, plus le pardon est magnanime.

Plus nos désirs sont excessif, plus nos déceptions sont amer.

Les âmes grand et fort sont calmes dans l'adversité.

Les meilleur remèdes contre l'ennui sont des occupations sérieux et continu.

Une conception hardi et profond, joint à une exécution prompt et sage, annonce l'homme de génie.

De tout les arts, l'agriculture et le commerce sont les plus avantageux à un État.

L'immortelle est l'emblème d'une long et constant amitié.

Les hommes étant mortel ne doivent pas nourrir de haines immortel.

La vertu est souvent d'autant plus vanté par les hommes qu'ils en sont plus dépourvu.

Le peuple a toujours les oreilles et les yeux ouvert pour découvrir les vices des grands.

Vous deviendrez meilleur avec les bons, et pire avec les méchants.

Ne songez désormais qu'à vos erreurs passé, quittez les long désirs et les vain pensées.

Les leçons les plus utile sont celles de l'expérience.

FORMATION DU FÉMININ DES ADJECTIFS.

EXERCICE 87e.

Mettre au féminin les adjectifs des exercices 87e, 88e, 89.

Bas, beau, violet, actuel, ancien, bouffon, las, annuel, épais, aérien, folichon, coquet, gras, casuel, mien, sujet, gentil, vieillot, mou, nul, continuel, fou, chrétien, négrillon, douillet, nouveau, sien, conditionnel, baron, fluet, citoyen, paysan, criminel, damoiseau, tien, poltron, métis, vieux, huguenot, jouvenceau, sot, fripon. — Inquiet, complet, replet, concret, discret, secret, incomplet, indiscret.

EXERCICE 88e. (*Comme le* 87e).

Craintif, neuf, franc, public, fautif, heureux, époux, vif, caduc, joyeux, veuf, peureux, jaloux, malencontreux, turc, frauduleux, victorieux, glorieux. — Blanc, sec, doux, roux, faux, vieux, grec.

EXERCICE 89e. (*Comme le* 87e).

Trompeur, coureur, moqueur, frondeur, prêteur, grondeur, jongleur, louangeur, ouvreur, querelleur, menteur, voyageur, vendangeur, revendeur, ravaudeur, polisseur, pleureur, travailleur, porteur, couseur, causeur, quêteur, logeur, solliciteur, conteur.

Acteur, admirateur, imitateur, moniteur, spectateur, spoliateur, fauteur, spéculateur, attentateur, régulateur.

Exécuteur, inspecteur, inventeur, persécuteur, gouverneur, chasseur, devineur, défendeur, demandeur, enchanteur, pêcheur, vengeur, professeur, amateur, auteur, littérateur, orateur, serviteur.

Coi, favori, frais, témoin, médecin, bénin, malin, jumeau, poëte, prophète, prêtre, tigre, ogre, traître, nègre, etc.

CHAPITRE VI.

Art. I. — Espèces de verbes.

ACTIF (transitif).

254-256. Le verbe actif ou transitif est celui dont le sujet fait l'action sur un complément direct.

EXERCICE 90°.

Reconnaître les verbes actifs, et les écrire en soulignant d'un seul trait les verbes actifs, et de deux les compléments directs.

J'aime mon pays. — Tu étudies la grammaire. — Il brave le danger. — Nous connaissons nos devoirs. — Vous perdez votre temps. — Ils amassent des richesses.

On doit estimer l'homme de bien. — Flatter les gens, c'est les perdre. — La passion égare les hommes. — Le lâche fuit le danger. — Ne chantez pas encore victoire. — L'absence augmente nos ennuis. — L'appétit assaisonne les repas. — L'hirondelle annonce le printemps.

Je te connais. — Tu nous vois. — Il vous regarde. — Nous le respectons. — Vous les entendez. — Ils se repentent.

Les plaisirs que la fortune promet, sont trompeurs. — L'industrie que nous exerçons, suffit à nos besoins. — Les fleurs que vous cultivez, sont très-belles. — La nouvelle qu'ils annoncent, est-elle vraie? — Qui demandez-vous? — Que désirent-ils?

Modèle du devoir.

De vive voix. — *Aime* est un verbe actif, parce qu'il a un complément direct, qui est *pays*. *Étudies* est un verbe actif, parce qu'il a un complément direct, qui est *grammaire*, etc.

Par écrit. — *J'aime* mon pays. — Tu *étudies* la grammaire. — Il *brave* le danger, etc.

NEUTRE (INTRANSITIF).

257. Le verbe neutre ou intransitif est celui dont le sujet fait l'action, mais sans complément direct.

EXERCICE 91ᵉ.

Reconnaître les verbes neutres et les écrire en les soulignant.

Je marche avec peine. — Tu veilleras sur nous. — Il revient dans quelques jours. — Nous gémissons sur nos maux et les vôtres. — Vous partirez dès le matin. — Elles tremblent de peur. — Où le travail manque, il est rare que l'aisance abonde. — Vivons avec le petit nombre : l'erreur prévaut souvent dans les multitudes. — Si tu restes sourd aux cris du malheur, tu crieras en vain toi-même lorsque tu seras tombé dans l'infortune. — Nuire profite rarement, venir en aide ne nuit jamais. — Le mal n'est pas d'être tombé dans une faute, mais d'y persévérer. — Les Français et les Anglais sont sortis vers la même époque du nord de la Germanie.

Modèle du devoir.

DE VIVE VOIX. — *Marche* est un verbe neutre, parce que le sujet fait l'action, mais sans compl. direct. *Veilleras* est un verbe neutre, parce qu'il n'a pas de complément direct, etc.

PAR ÉCRIT. — Je *marche* avec peine. — Tu *veilleras* sur nous, etc.

———

VERBE *ÊTRE*.

251. Le verbe substantif est celui qui marque l'existence. C'est *être*.

264. Le verbe auxiliaire aide à conjuguer les autres. Il y en a deux : *être* et *avoir*.

EXERCICE 92ᵉ.

Distinguer le verbe substantif ÊTRE de l'auxiliaire ÊTRE, et les écrire en soulignant d'un seul trait le verbe substantif et de deux l'auxiliaire.

Paul est laborieux, il est déjà très-instruit pour son âge. —

Je suis aimé, tu seras puni, il serait perdu, nous sommes arrivés, vous êtes priés, ils étaient venus.

La mobilité est le propre d'un esprit malade : être partout, c'est n'être nulle part. — César fut un grand capitaine, mais il serait admiré plus justement s'il était resté maître de ses passions. — Le vrai moyen d'être trompé, c'est de se croire plus habile que les autres. — Nous sommes assez vengés, puisqu'ils ont été forcés d'avouer leurs torts. — Les anciens philosophes ont été des sages plus encore que des savants. — Le Dieu des Juifs dit de lui-même : Je suis celui qui est.

Modèle du devoir.

DE VIVE VOIX. — *Est* verbe substantif, parce qu'il n'aide pas à conjuguer un autre verbe. *Est* (le 2ᵉ), même analyse. *Suis*, verbe auxiliaire, parce qu'il aide à conjuguer un autre verbe. etc.

PAR ÉCRIT. — Paul *est* laborieux, il *est* déjà très instruit pour son âge. — Je SUIS aimé, tu SERAS puni. etc.

VERBE *AVOIR*.

Le verbe *avoir* est auxiliaire, ou actif, ou neutre.

EXERCICE 93ᵉ.

Reconnaître si AVOIR est auxiliaire, actif ou neutre, et le distinguer en l'écrivant.

L'homme a une intelligence supérieure à celle des animaux ; ils n'ont, eux, que de l'instinct. — Certains hommes ont raison comme les autres ont tort, en se fâchant. — J'ai travaillé, tu as réussi, il aurait perdu, nous avions attendu, vous aurez pensé, ils ont dormi.

Il y a une foule de gens qui sacrifient aux jouissances du présent toutes les espérances de l'avenir.

Les conquérants ont fait voir plus d'ambition que de patriotisme, et la postérité leur a montré plus d'admiration qu'ils n'en avaient mérité.

Le riche a ses trésors, le pauvre a son travail. — Il y a dans le courage à supporter le malheur quelque chose qui rapproche l'homme de la divinité.

Modèle du devoir.

De vive voix. — *A* est un verbe actif, parce qu'il a un complément direct, qui est *intelligence*. *Ont*, même analyse. Le 2ᵉ *ont* est
dans le même cas, de même que le 3ᵉ. *Ai* est un auxiliaire, parce
qu'il aide à conjuguer un autre verbe, etc.

Par écrit. — L'homme *a* (act.) une intelligence supérieure à
celle de animaux ; ils n'*ont* (act.), eux, que de l'instinct, etc.

VERBE *PASSIF*.

258-262. Le verbe passif est celui dont le sujet re-
çoit l'action faite par un complément.

EXERCICE 94ᵉ.

Distinguer le verbe passif du neutre conjugué avec **être**, *et de*
être *lui-même accompagné d'un adjectif verbal, et écrire*
ces différents verbes en les désignant chacun par son espèce.

La raison a été donnée à l'homme pour qu'elle soit écoutée, et non pour qu'elle soit foulée aux pieds. — Comment
est tombé cet homme puissant qui sauvait le peuple d'Israel ?
— L'Amérique est connue depuis mil quatre cent quatre-vingt-
douze, où elle fut découverte par Christophe Colomb. — La
religion chrétienne a été fondée par le Christ, et elle est établie
depuis dix-neuf cents ans sur les ruines de l'antique idolâtrie,
qui avait été pratiquée pendant plus de quarante siècles par
l'univers presque entier. — Qu'êtes-vous allés voir dans le dé-
sert ? un homme vêtu mollement ? — Si notre honneur n'est
appuyé sur des principes solides, il sera entraîné malgré lui
par le moindre courant, de même qu'une maison qui est élevée
sur des bases peu sûres, sera renversée par le moindre choc.
— Nous serons aimés des autres quand nous leur aurons
prouvé qu'ils sont aimés de nous. — A force de courage et de
patience, ils sont venus à bout de leur entreprise.

Modèle du devoir.

De vive voix. — *A été donnée* est un verbe passif, parce que
l'action en est reçue par le sujet *raison*. *Soit écoutée*, même ana-

lyse. *Soit foulée,* même analyse. *Est tombé,* verbe neutre, parce que le sujet fait l'action. *Est connue,* verbe substantif *être,* accompagné d'un adjectif verbal, etc.

PAR ÉCRIT. — La raison *a été donnée* (pass.) à l'homme pour qu'elle *soit écoutée* (pass.), et non pour qu'elle *soit foulée* (pass.) aux pieds. — Comment *est tombé* (neutre) cet homme puissant qui sauvait le peuple d'Israel? etc.

VERBE *PRONOMINAL.*

265-269. Le verbe pronominal est celui dont le sujet et le complément sont la même personne.

EXERCICE 95ᵉ.

Distinguer le pronominal réfléchi et le pronominal réciproque; et les écrire en soulignant d'un trait les réfléchis, et de deux les réciproques.

Je me flatte, tu te perds, il s'entend, nous nous connaissons l'un et l'autre! Nous nous connaissons l'un l'autre. — Vous vous repentez, ils se troublent, nous nous sommes réconciliés, vous vous y attendiez, nous nous déciderons, ils se jouent de leurs serments.

Ils se sont manqué d'une manière grave. Sans notre intervention, ils se seraient battus peut-être. Heureusement ils ont fini par s'apercevoir qu'ils ne se querellaient ainsi que parce qu'ils ne s'entendaient pas. Alors ils se sont embrassés, se promettant bien d'être à l'avenir plus sages et moins prompts. Tenons-nous en garde contre nos premiers mouvements, et ne nous hâtons pas de céder à la colère. Que de regrets on s'épargnerait si l'on ne se décidait à agir que lorsque la passion s'est calmée, et que l'âme s'est rassise! Se venger est bien doux peut-être, mais se vaincre doit l'être davantage.

Modèle du devoir.

DE VIVE VOIX. — *Flatte* est un verbe pronominal, réfléchi, parce qu'il n'y a pas réciprocité. *Perds, entends* et *connaissons* (le premier), même analyse. *Connaissons* (le second) est pronominal réciproque, parce qu'il y a réciprocité de l'un sur l'autre, etc.

PAR ÉCRIT. — Je me *flatte*, tu te *perds*, il *s'entend*, etc. Nous nous CONNAISSONS l'un l'autre, nous nous SOMMES RÉCONCILIÉS, etc. Ils SE SONT MANQUÉ d'une manière grave, etc.

VERBE *UNIPERSONNEL.*

270, 271. Le verbe unipersonnel n'a que la 3ᵉ personne du singulier.

EXERCICE 96ᵉ.

Reconnaître et souligner.

Il faut qu'il ait plu à torrents, comme en effet il a plu, pour que je me sois privé de vous aller voir. — Tant qu'il ne faut que discuter, la cour en conseillers foisonne ; est-il question d'exécuter, on ne rencontre plus personne. — Il importe beaucoup aux jeunes gens de choisir de bonne heure la carrière qu'il leur convient d'embrasser. Il arrive trop souvent qu'il s'écoule des années entre la fin de leurs études et le choix d'un état. — Il y a eu cette année plus de récoltes en tous genres qu'il n'y en avait eu depuis longtemps. — Il a été fait, quoi qu'on dise, plus de découvertes par les modernes que par les anciens.

Modèle du devoir.

DE VIVE VOIX. — *Faut* est un verbe personnel, parce qu'il n'a que la 3ᵉ personne du singulier. *Ait plu*, verbe unipersonnel, parce que, etc., etc.

PAR ÉCRIT. — Il *faut* qu'il *ait plu* à torrents, comme en effet il *a plu*, pour que je me sois privé de vous aller voir, etc.

VERBES ESSENTIELS OU ACCIDENTELS.

EXERCICE 97ᵉ.

Reconnaître ces différents verbes, et les désigner en les écrivant.

272-277. La témérité vous perdrait, agissez avec prudence et circonspection. — Réfléchissez toujours avant que d'entreprendre. — Les villes dont nous nous sommes emparés, avaient résisté victorieusement à toutes les attaques. — Il a plu, il a neigé, il a grêlé, en un mot, il a fait un temps abominable. — Buvez, mangez, dormez, et faisons feu qui dure. — Je suis venu, j'ai vu, j'ai vaincu. — Mourons, la mort vaut mieux qu'un indigne esclavage. — Toutes les langues que parlent les peuples, semblent avoir une origine commune. — Que de sacrifices coûte l'éducation des enfants ! — Une grande servilité vaut quelquefois de grandes distinctions ; mais les choses que l'on achète à ce prix ne valent jamais ce qu'elles coûtent.

Modèle du devoir.

DE VIVE VOIX. — *Perdrait*, verbe actif essentiel, ayant son complément direct. *Agissez*, verbe neutre essentiel, n'ayant jamais de complément direct, etc.

PAR ÉCRIT. — La témérité vous *perdrait* (act. essent.), *agissez* (n. ess.) avec prudence et circonspection. — *Réfléchissez* (n. ess.) toujours avant que d'*entreprendre* (n. accid.), etc.

ART. II ET III. — MODES ET TEMPS DES VERBES.

FORMATION DES TEMPS.

Temps simples.

DU PARTICIPE PRÉSENT, on forme :

328. 1° Le pluriel du présent de l'indicatif en remplaçant *ant* par *ons, ez, ent.*

329. 2° L'imparfait de l'indicatif en remplaçant *ant* par *ais, ais, ait, ions, iez, aient.*

334. 3° Le présent du subjonctif en remplaçant *ant* par *e, es, e, ions, iez, ent.*

EXERCICE 98ᵉ.

Écrire les verbes PORTER, BÂTIR, DEVOIR, ÉTENDRE *au pluriel du présent de l'indicatif, à l'imparfait de l'indicatif et au présent du subjonctif, en soulignant les finales.*

Modèle du devoir.

PLURIEL DU PRÉS. DE L'INDIC. — Nous por*tons*, vous por*tez*, etc.

DU PRÉSENT DE L'INDICATIF, on forme :

331. 1° Le futur absolu en remplaçant *r, re,* ou *oir* par *rai, ras, ra, rons, rez, ront.*

332. 2° Le présent du conditionnel, en remplaçant *r, re,* ou *oir* par *rais, rais, rait, rions, riez, raient.*

EXERCICE 99ᵉ.

Écrire les quatre verbes de l'exercice précédent au futur absolu et au présent du conditionnel.

Modèle du devoir.

Futur absolu. — Je porter*ai,* tu porter*as,* il porter*a,* etc.

333. Du présent de l'indicatif on forme le présent de l'impératif, en supprimant le pronom sujet, et substituant la 1ʳᵉ pers. du singulier à la 2ᵉ.

335. Du passé défini on forme l'imparfait du subjonctif en remplaçant *s* final de la 2ᵉ pers. du sing. par *sse, sses, ^t, ssions, ssiez, ssent.*

EXERCICE 100ᵉ.

Écrire les mêmes quatre verbes au présent de l'impératif et à l'imparfait du subjonctif.

Modèle du devoir.

Impératif. — Porte, portons, portez. — Bâtis, bâtissons, etc.

TEMPS COMPOSÉS.

339. Tous les passés composés autres que les antérieurs sont formés d'un participe passé précédé d'un présent d'auxiliaire (*être* ou *avoir*).

EXERCICE 101ᵉ.

Écrire les verbes PORTER, ALLER, SE FLATTER *au passé indéfini, au passé du conditionnel, au passé du subjonctif, au passé de l'infinitif et au participe passé composé.*

Modèle du devoir.

Passé indéfini. — J'*ai* porté, tu *as* porté, etc. Je *suis* allé, tu *es* allé, etc. Je me *suis* flatté, tu t'*es* flatté, etc., etc.

346. Tous les plus-que-parfaits sont formés d'un participe passé précédé d'un imparfait d'auxiliaire.

348, 349. Les passés antérieurs sont formés du participe passé précédé : pour l'antérieur défini, d'un auxiliaire au passé défini ; et pour l'antérieur indéfini, d'un auxiliaire au passé indéfini.

351. Le futur antérieur est formé d'un participe passé précédé d'un futur absolu d'auxiliaire.

EXERCICE 102e.

Écrire les verbes PORTER, BÂTIR, DEVOIR, ÉTENDRE *au plus-que-parfait de l'indicatif, au plus-que-parfait du subjonctif, au passé antérieur défini, au passé antérieur indéfini, et au futur antérieur.*

Modèle du devoir.

PLUS-QUE-PARF. DE L'INDIC. — J'avais porté, tu avais, etc. J'avais bâti, tu avais, etc.

---

352. Dans les verbes passifs, chaque temps est formé d'un participe passé précédé de l'auxiliaire *être* au même mode et au même temps où l'on veut le verbe passif.

EXERCICE 103e.

Écrire le passif du verbe PORTER *(en deux fois).*

Modèle du devoir.

INDIC. PRÉSENT. — Je suis porté, tu es porté, il est porté, etc.
IMPARF. DE L'INDIC. — J'étais porté, tu étais, etc., etc.

EXERCICE 104e.

Écrire les phrases suivantes en désignant les modes et les temps.

Je crois qu'avec un peu de bonne volonté vous pourriez réussir. Essayez toujours : il se peut que vous éprouviez moins de difficulté que vous ne l'avez craint.

Si tu désires que ton entreprise vienne à bonne fin, n'y ménage ni ton temps ni ta peine, et sois assuré du succès : ce serait la première qui dans ces conditions aurait manqué de réussir.

Une vérité qu'on vous a répétée bien des fois, c'est qu'en perdant le temps nous perdons le bien le plus précieux que le ciel ait donné à l'homme, et que vainement nous voudrions le réparer. Tâchons donc d'en profiter.

Combien il s'en manque que vous soyez arrivés au but que vous vous êtes proposé d'atteindre. Songez-y, ou toute espérance serait perdue sans retour.

Il y avait chez lui assez d'intelligence pour qu'il vînt à bout même de difficultés plus grandes; mais il aurait dû y mettre plus d'énergie. Faites qu'il sorte enfin d'une telle apathie.

Modèle du devoir.

Je *crois* (prés. indic.) qu'avec un peu de bonne volonté vous *pourriez* (prés. condit.) *réussir* (prés. inf.). *Essayez* (impér.), etc.

EXERCICE 105°.

Même que le précédent.

Peu de philosophes se sont élevés à des idées plus justes sur la nature de l'univers que le fameux Pythagore. On ne peut comprendre comment, privé de moyens suffisants d'observation, il a pu connaître la véritable position de la terre parmi les planètes, position que, vingt et un siècles plus tard, Copernic et Galilée ne sont parvenus à établir qu'avec tant de peine. Il est probable qu'il avait acquis ces connaissances dans ses voyages en Égypte et en Orient. Ce serait donc la science des anciens prêtres de Memphis, de Chaldée et peut-être de l'Inde, qui nous aurait été transmise sous le nom de ce grand philosophe. Encore sa doctrine ne nous est-elle que peu connue; et nous sommes réduits à chercher dans les poëtes et les historiens de l'antiquité ce que le temps et la barbarie ont respecté de sa pensée.

PARTICIPE PRÉSENT.

294. Un mot verbal en *ant* est participe présent et par conséquent invariable :

1° Quand il marque l'action.

2° Quand il a un complément direct.

3° Quand il est ou qu'il peut être précédé de la préposition *en*.

296. Mais quand il marque un état, non une action, il est adjectif, et, comme tel, variable. C'est, en général, quand il est ou qu'il peut être précédé du verbe *être*.

EXERCICE 106e.

Corriger les mots verbaux en ANT. *Ils sont tous ici comme invariables.*

Les yeux du dieu étaient étincelant, ses traits ridés et menaçant. A ses pieds on voyait les vengeances toutes dégouttant de sang, l'avarice se rongeant elle-même et se déchirant de ses propres mains.

En rentrant dans leur camp, ils virent de tous les spectacles le plus navrant. Les malades, manquant de forces, n'avaient pu échapper au feu ; on les voyait se tordant au milieu de douleurs cuisant, et poussant jusqu'au ciel d'une voix déchirant des cris douloureux.

Nous ne sommes tous que de véritables Juifs errant dans la carrière de la vie.

Les fables ne sont attachant que lorsque, comme celles de La Fontaine, elles vont se déroulant comme des drames et nous émeuvent comme des tableaux parlant.

Quand on les vit ainsi combattant de près, tous les autres combattant mirent bas les armes pour être témoins de la lutte.

On voyait tout à la fois les fleurs du printemps naissant sous les pas, et les fruits de l'automne pendant aux arbres.

Modèle du devoir.

Les yeux du dieu étaient *étincelants*, ses traits ridés et *menaçants*, etc.

EXERCICE 107e.

Même genre de travail.

Il y a pour chaque homme une certaine somme de malheur dépendant de la bonne ou de la mauvaise fortune.

Les hommes n'excellant en rien sont toujours ceux qui prétendent exceller en tout.

Faut-il croire qu'il y a eu jadis des familles errant au milieu des forêts, et disputant leur nourriture aux autres animaux ?

Les eaux, de leur nature coulant, deviennent en se congelant dures comme la pierre.

Toutes les planètes circulant autour du soleil doivent leur mouvement à une impulsion commune.

Nous sommes tantôt des bœufs ruminant, tantôt des colombes fuyant éperdues la griffe du vautour.

Nous passâmes la nuit tremblant de froid et demi-morts, ne sachant où la tempête nous avait jetés.

Ces chanoines vermeils et brillant de santé s'engraissaient d'une longue et sainte oisiveté.

Les enfants sont des brouillons, qui vont toujours dérangeant toute chose.

Les vents soufflant avec fureur jonchent la terre des débris des forêts, roulant du sommet des montagnes.

Modèle du devoir.

Comme le précédent.

PARTICIPE PASSÉ SANS *ÉTRE* NI *AVOIR*.

302. Quand le participe passé n'est accompagné ni de *être* ni de *avoir*, c'est un véritable adjectif.

EXERCICE 108ᵉ.

Corriger les participes. Tous sont ici laissés invariables.

Les nouvelles apporté — la lettre écrit — les efforts tenté — la loi respecté — l'espoir déçu — les enfants récompensé — la vérité reconnu — le devoir rempli — les rivières débordé — les voyageurs égaré — la terre cultivé — les présents offert — le guerrier admiré — les arts honoré — les montagnes franchi — le savant et le laboureur estimé — le froid et la chaleur opposé — la misère et la mort méprisé — les champs et les prairies envahi par les eaux — les honneurs et les richesses ambitionné.

Les personnes que je croyais parti, je les trouve revenu. —

Ces élèves me paraissent plus instruit que vous ne le croyez. — J'ai trouvé nos amis bien contrarié. — La fortune nous a semblé devenu plus favorable. — Les malheureux tombèrent harassé, épuisé. — C'est faute d'habitude que nous paraissons si embarrassé. — Nous les vîmes accourir transporté de joie. — Que de sceptres tombé des mains, que de couronnes tombé de la tête de monarques avili et méprisé !

Modèle du devoir.

Les nouvelles *apportées* — la lettre *écrite* — les efforts *tentés*, etc.

PARTICIPE PASSÉ avec *ÊTRE*.

303. Quand le participe passé est accompagné de *être* (non mis pour *avoir*), il s'accorde toujours avec le sujet du verbe.

EXERCICE 109e.

Corriger les participes passés.

Nous sommes prévenu. — La nouvelle est arrivé. — Cet usage est reçu. — La victoire fut remporté. — Nos biens sont perdu. — Son voyage est remis. — La ville était assiégé. — Toute la garnison a été désarmé. — Les coupables seront puni. — La mère et l'enfant ont été frappé. — La terreur et l'effroi s'étaient répandu. — L'habileté et la valeur ont été récompensé. Lorsque l'âme est agité, toutes les passions sont rendu sur la face humaine, où tous les mouvements, toutes les actions sont exprimé par un trait et un caractère particuliers. — Le dépôt de la tradition est formé de souvenirs qui ont été altéré par le temps ou créé par l'imagination. — La plante, lorsqu'elle a été mis en liberté, garde l'inclinaison qu'elle a été forcé de prendre. — Socrate apprenant qu'il avait été condamné à mort par les Athéniens : Ils y sont condamné aussi par la nature, répondit-il. — Les moments perdus ne sauraient être racheté par les trésors les plus précieux. — Les difficultés ne sont jamais venu que du peu de soin avec lequel elles ont été étudié. — Les maux qui avaient été causé par le règne de

Louis XIII, durent être réparé par Colbert. — A chaque condition sont attaché des amertumes et des dégoûts, comme à chaque plante un parasite qui la ronge.

Modèle du devoir.

Nous sommes *prévenus*. — La nouvelle est *arrivée*. — Cet usage est *reçu*. — etc.

PARTICIPE PASSÉ avec *AVOIR*.

304. Quand le participe passé est accompagné de *avoir*, ou de *être* pour *avoir*, il s'accorde avec son complément direct, mais seulement quand il en est précédé.

Être est mis pour *avoir* dans les verbes pronominaux.

EXERCICE 110°.

Corriger les participes.

J'ai travaillé. — J'ai reçu une lettre. — La lettre que j'ai reçu, nous a tranquillisé tous. — Nous avons résisté jusqu'à la fin. — Vous avez reçu de lui mille services. — La condition des peuples a presque toujours empiré par suite des révolutions qu'ils ont subi. — Le souvenir des malheureux qu'on a soulagé donne sans cesse un nouveau plaisir. — Je n'ai pas mérité la peine rigoureuse que vous m'avez infligé. — Que d'autels on aurait érigé à un Grec s'il eût découvert l'Amérique! — Beaucoup d'hommes ont commencé leur vie dans les plaisirs et l'ont terminé dans les larmes. — Ceux qui ont fait les belles actions sont ceux qui les racontent le mieux. — Ils avaient aimé leurs peuples et les avaient rendu heureux pendant leur règne. — Pourquoi les maux que le vice a toujours entraîné à sa suite n'ont-ils pas servi d'exemple aux hommes? — Les éloges que lui a procuré son mérite n'ont pas diminué sa modestie. — Quand on songe aux autorités sans nombre que cet auteur a consulté, à la masse des matériaux épars qu'il a rassemblé, à la multitude des connaissances qu'il a réuni, on ne sait lequel on doit admirer le plus, ou son génie ou son courage.

Modèle du devoir.

J'ai *travaillé*. — J'ai *reçu* une lettre. — La lettre que j'ai *reçue*, nous a *tranquillisés* tous, etc.

PARTICIPE PASSÉ avec *ÊTRE* pour *AVOIR*.

EXERCICE 111e.

Corriger.

Elle s'est reconnu coupable. — Nous nous étions abusé. — Les sages se sont toujours servi des fous. — Très-peu de nations se sont rendu coupables de ces assassinats publics appelés proscriptions. — Les Turcs se sont montré quelquefois supérieurs à nous. — Que de siècles se sont déjà écoulé ! — Vous vous êtes préparé mille ennuis. — Beaucoup de méchants rois se sont succédé sur le trône de France. — Vous étiez-vous imaginé que la ruse réussirait ? — Ils se sont fait plus de mal que de bien. — Nous nous en sommes allé mécontents. — Ils se sont aperçu trop tard de leur erreur. — Vous vous êtes arrogé des droits exorbitants. — Elle s'est repenti, mais trop tard. — Les grands génies se sont survécu à eux-mêmes. — Les anciens se sont peu occupé de physique expérimentale. — Les Cimbres s'étaient proposé la conquête de l'Italie. — Les bons et les mauvais succès semblent s'être partagé la durée des ans et des siècles. — Ils se sont entendu pour nous tromper. — La gloire des hommes doit toujours se mesurer aux moyens dont ils se sont servi pour l'acquérir. — Ils s'étaient cru certains qu'on ne les contredirait pas. — A mesure que les hommes se sont répandu, il s'est formé diverses nations dont peu à peu le globe s'est couvert. — Beaucoup s'étaient endormi riches qui se sont réveillé pauvres. — La meilleure réputation est celle qu'on s'est fait soi-même.

Modèle du devoir.

Elle s'est *reconnue* coupable. — Nous nous étions *abusés*. — Les sages se sont toujours *servis* des fous, etc.

4.

ART. IV. — PERSONNE ET NOMBRE DANS LES VERBES.

355. Le verbe s'accorde avec son sujet en personne et en nombre.

356. Quand le verbe a plusieurs sujets, il est pluriel.

357. Quand les sujets du verbe sont de personnes différentes, il se met au pluriel et prend de ces personnes la plus élevée.

EXERCICE 112e.

Écrire les verbes suivants d'après les indications.

Je (travailler, prés. indic.) — tu (comprendre, prés. indic.) — il (étudier, prés. condit.) — il (parler, fut. abs.) — nous (attendre, passé déf.) — vous (prier, imp. indic.) — ils (s'appliquer, fut. abs.) — nous (saisir, pr. indic.) — vous (arriver, fut. abs.) trop tard — ils (écrire, prés. indic.) bien — elles (parler, passé indéf.) longtemps — Romulus (fonder, passé déf.) Rome — les enfants (jouer, plus-q.-parf. indic.) — nous vous (connaître, prés. indic.) — le soleil (briller, pr. indic.) — les astres nous (éclairer, pr. indic.) — je (désirer. pr. indic.) que vous (venir, pr. subj.) demain — tu (penser, imp. indic.) que nous (partir, prés. condit.) — les anciens (croire, imp. indic.) que le soleil (tourner, prés. indic.) autour de la terre.

Vous ou moi (devoir, prés. indic.) partir — c'(être, imp. indic.) elle ou vous qui (faire, plus-q.-parf. indic.) la chose — Pierre et vous (être, prés. indic.) suspects — ni vous ni lui n'(être, imp. indic.) présents — mon frère ou moi (devoir, passé condit.) obtenir cette place — c'(être, prés. indic.) moi qui (deviner, passé indéf.) l'énigme — c'(être, pr. indic.) toi qui (perdre, passé indéf.) — (venir, impér.) à moi, vous tous qui (être, pr. indic) chargés, et je vous (soulager, fut. abs.) — c'(être, pr. indic.) vous qui l'(vouloir, passé indéf.) — c'(être, pr. indic.) toi et lui qui l'(demander, passé indéf.)

Pierre et Paul (jouer, pr. indic.) — le père et le fils (s'entendre, pr. indic.) — la gloire et la valeur (briller, fut. abs.) — la vertu et le vice (différer, prés. indic.) — le temps et le travail (venir, prés. indic.) à bout de tout — mon frère et ma sœur (être, pr. indic.) près de partir — l'abandon et la misère (être, pr. indic.) leur partage — général et soldat (sembler, prés. indic.) pleins de courage — l'un et l'autre (vouloir, prés. indic.) défendre leurs droits — sa famille et la mienne (être pr. indic.) d'accord.

Modèle du devoir.

Je travaille — tu comprends — il étudierait — il parlera — nous attendîmes — vous priiez — ils s'appliqueront, — etc.

---

268. ART. V. — CONJUGAISON.

Verbes réguliers à conjuguer de vive voix et par écrit.

Première conjugaison. Courber, dérober, succomber, aborder, accorder, bouder, s'évader, agrafer, chauffer, triompher, appuyer, crier, estimer, résumer, soupçonner, séjourner, occuper, participer, abdiquer, expirer, déchirer, fausser, verser.

Deuxième conjugaison. Aboutir, accomplir, affermir, bâtir, blanchir, bondir, chérir, choisir, dépérir, démolir, éblouir, élargir, faiblir, frémir, garnir, guérir, investir, jouir, languir, maigrir, nourrir, pâlir, périr, rétablir, saisir, ternir, vieillir.

Troisième conjugaison. Apercevoir, concevoir, devoir, décevoir, percevoir.

Quatrième conjugaison. Attendre, dépendre, défendre, étendre, fendre, pendre, pourfendre, prétendre, rendre, répandre, revendre, suspendre, tendre, vendre, répondre, confondre, tondre.

EMPLOI DES AUXILIAIRES.

370. Tous les verbes actifs et la plupart des verbes neutres prennent l'auxiliaire *avoir*. Les verbes pronominaux prennent *être* pour *avoir*; et les passifs *être*, ainsi que les neutres suivants : *aller, arriver, décéder, entrer, tomber, venir, devenir, parvenir, revenir, survenir, accourir, mourir, partir, sortir, échoir, naître.* Quelques particularités, plus loin.

EXERCICE 113e.

Mettre l'auxiliaire ÊTRE *ou* AVOIR *aux temps et modes indiqués.*

Nous (prés. indic.) travaillé avec toute l'ardeur que nous (prés. indic.) pu. — Quand il nous (passé déf.) exposé la situation, il nous demanda quel parti nous (imp. indic.) résolu de prendre. — Il n'(passé indéf.) fini qu'après moi, quoique j'(imp. subj.) commencé après lui. — Celui qui (fut. abs.) vécu dans la pratique du bien, mourra dans la paix de son âme. — Nous (imp. subj.) consenti à votre demande si nous l'(imp. indic. ou subj.) crue sincère. — Il est impossible que nous (prés. subj.) achevé cet ouvrage à l'heure que vous (prés. indic.) fixée. — Il faudrait pour vous plaindre que vous (imp. subj.) souffert autant que nous. — Les peuples les plus belliqueux, après (prés. inf.) commencé par des triomphes, (prés. indic.) fini par des désastres. — Tous (part. prés.) accepté ces conditions, j'(prés. indic.) dû y adhérer moi-même.

Modèle du devoir.

Nous *avons* travaillé avec toute l'ardeur que nous *avons* pu. — Quand il nous *eut* exposé la situation, il nous demanda quel parti nous *avions* résolu de prendre, — etc.

EXERCICE 114e (*comme au* 113e).

Je (prés. indic.) allé trop vite en affaires; il en (prés. indic.) arrivé que je (prés. indic.) devenu ce que vous voyez. — Quand nous (passé déf.) revenus au pays, tous ceux que nous y (imp. indic.) connus, (imp. indic.) morts. — Lorsqu'ils (fut. abs.) tombés bien bas; peut-être comprendront-ils leur faute. — S'ils (imp. indic. ou subj.) venus à temps, nous (imp. indic.) sauvés. — Quand il (fut. abs.) parvenu au faîte, il voudra monter encore. — (imp. subj.) - vous nés princes, en seriez-vous moins hommes? — Je ne pensais pas que vous (imp. subj.) sortis si tôt. — Croyez-vous que ces billets (prés. subj.) échus? — Il ne fera rien que nous ne (prés. subj.) partis. — Comment, après (prés. inf.) accourus à notre aide, nous (prés. indic.) - ils ainsi abandonnés? — De graves empêchements (part. prés.) survenus, nous n'avons plus qu'à nous retirer.

Modèle du devoir.

Je *suis* allé trop vite en affaires; il en *est* arrivé que je *suis* devenu ce que vous voyez, — etc.

EXERCICE 115e (comme au 113e).

Vous vous (imp. indic.) flattés de réussir, perdez cet espoir. — Jadis, la fortune s'(prés. indic.) plue à le combler de faveurs ; mais depuis quelque temps, elle semble s'(prés. inf.) repentie de l'(pr. inf.) protégé. — Nous ne rentrerons qu'après nous (prés. inf.) longtemps promenés. — Ceux qui s'(imp. indic.) doutés du tour, s'en (pr. indic.) préservés heureusement. — L'ennemi ne se (prés. condit.) pas emparé de cette place si elle s'(imp. indic. ou subj.) bien défendue. — Ils se (prés. condit.) repentis de leur audace s'ils se (imp. indic. ou subj.) arrogé de pareils droits. — Quand il s'(prés. indic.) agi de se montrer, ils se (prés. indic.) cachés honteusement.

Modèle du devoir.

Vous vous *étiez* flattés de réussir, perdez cet espoir. — Jadis la fortune s'*était* plue à le combler de faveurs, etc.

EXERCICE 116e (comme au 113e).

Ils (prés. indic.) délaissés de tous. — Nous (imp. indic.) reconnus innocents par nos accusateurs mêmes. — Il (passé indéf.) trahi par la fortune. — Joseph (passé déf.) vendu par ses frères. — A peine ils (passé ant. déf.) frappés que les meurtriers (passé déf.) arrêtés et punis. — J'(plus-q.-parf. indic.) provoqué plus d'une fois. — Quand tu (fut. abs.) attaqué, défends-toi. — Ne (impér.) retenus par rien, quand il s'agit d'une bonne action. — Il faut que la vertu (pr. subj.) récompensée, et le vice puni. — C'est (prés. inf.) outragé deux fois que de l'être par un lâche. — Pour (passé inf.) méprisée par bien des hommes, la vertu n'en mérite pas moins d'(prés. inf.) respectée.

Modèle du devoir.

Ils *sont* délaissés de tous. — Nous *étions* reconnus innocents par nos accusateurs mêmes. — Il *a été* trahi par la fortune, etc.

RÉCAPITULATION D'ORTHOGRAPHE.

EXERCICE 117ᵉ.

Corriger les noms.

Les plus grandes *vérité* sont ordinairement les plus simples.

Les jeunes *chat* seraient propres à amuser les *enfant* si les *coup* de *patte* n'étaient pas à craindre.

Une *amitié* formée légèrement se dénoue de même.

En passant devant cette *église*, j'entendis des *voix* d'*homme*, de *femme* et d'*enfant*, dont l'*harmonie* me charma.

Je n'irai pas chercher au bord de la *prairie*
Ces éclatants *émail* que le *printemps* varie.

Déjà l'on entendait tout le *peuple* en *courroux*
Crier aux *combattant* : Profane, à *genou*.

Les *complaisant*, les *politique* et les *courtisan* rient souvent de toutes leurs *force*, rarement de tout leur *cœur*.

C'est au *fond* des *mer* que se sont formés les *pierre* et les *métal* même.

L'intérêt parle toute *sorte* de *langue*, et joue toute *sorte* de *personnage*, même celui de *désintéressé*.

C'est sur des *monceau* de *cadavre* qu'est établie la *gloire* des *conquérant*.

EXERCICE 118ᵉ.

Corriger les pronoms.

Ne heurtons les idées de *personne*, mais ne souffrons pas que l'on heurte les *notre*.

Les personnes *auquel* vous nous avez adressés nous ont renvoyés à d'*autre*, qui ne nous ont pas mieux reçus.

Tel qui rient aujourd'hui peut-être pleureront demain.

Nous ne voudrions pas d'une entreprise qui ruinerait nos affaires et *celle* de notre famille.

Mes succès précédents me répondent de *celui* sur *lequel* je compte pour les jours qui suivront.

Le plus sûr moyen que nous ayons de gagner l'affection de quelqu'un, c'est de lui donner la *notre*.

Les offrandes des fruits de la terre sont *celle* que nous trouvons le plus anciennement établies.

Les fruits et les fleurs *auquel* il donnait ses soins ont été détruits par l'orage.

Le bitume devient plus dur que la brique et la pierre *auquel* il sert de ciment.

Nos entreprises ont été moins heureuses que les *sienne.*

Les armes offensives sont *celle* avec *lequel* on attaque ; et les armes défensives, *celle* avec *lequel* on se défend.

EXERCICE 119°.

Corriger les adjectifs.

La vie n'est si *court* que pour qui ne sait pas l'employer.

Les esprits *raisonnable* ne doivent chercher dans une vie *frugal* et *laborieux* qu'à éviter la honte et l'injustice *attaché* à une conduite *prodigue* et *ruineux.*

Si vous étudiez la justice des hommes, vous ne tarderez pas à la trouver plus *vindicatif* que sincèrement *équitable.*

J'aime mieux *un* ignorance *complet* qu'*un* érudition mal *digéré.*

La *vrai* modestie a un naturel et une bonhomie *inimitable.*

C'est au mérite et à la vertu *seul* que devraient être réservé les dignités et les honneurs.

Ne nous livrons pas à des plaisirs *excessif* si nous ne voulons pas avoir une vieillesse *caduc.*

Si je faisais une religion, je mettrais l'intolérance au nombre des péchés *mortel.*

La frugalité est une source de délices *merveilleux* pour la santé autant de l'âme que du corps.

Quelque *grand* que puisse être votre fortune, vos dissipations sont plus *grand* encore, et ne tarderont pas à l'épuiser.

EXERCICE 120°.

Corriger les adjectifs.

Nous n'avons pas d'ennemis plus *cruel* que nous-mêmes.

Votre application et votre zèle ont été *remarqué,* et seront *récompensé* comme ils le méritent.

Moins nos désirs seront *vif* et *pressant*, moins *dur* et *pesant* seront nos chaînes.

Saint Louis partit pour l'Égypte à la tête d'*un* armée et d'une flotte *nombreux*.

Que de terres et d'horizons *inconnu*, au delà des terres que nous habitons, et des horizons qui bornent *notre* vue !

J'aime les coteaux *riant*, les *vert* campagnes, et les bœufs *ruminant* sous les *grand* chênes.

Les Alpes sont la barrière *naturel* entre la France et l'Italie.

Dans *cet long* et *malheureux* guerre, les deux partis firent des fautes *grossier* et commirent d'*horrible* cruautés.

Partout où se trouvent d'*habile* charlatans, les dupes fourmillent.

Plût à Dieu que nous vissions renaître les siècles si *poli* et si *cultivé* de l'*ancienne* Grèce !

Les princes *avide* ne songent qu'à charger d'impôts ceux de *leur* sujets qui sont les plus *vigilant* et les plus *industrieux*.

EXERCICE 121ᵉ.

Mettre les verbes au mode, au temps, à la personne et au nombre voulus.

Les athlètes (*être*, indic., imp.) armés de cestes dans l'exercice du pugilat.

Les hommes droits et simples (*agir*, indic. pr.) sans déguisement et sans arrière-pensée.

L'honneur et ton intérêt même (*exiger*, indic. pr.) de toi ce suprême et dernier effort.

Vous et moi ne (*désirer*, indic. pr.) rien tant que de voir réussir cette affaire.

Femmes, moines, vieillards, tout (*être*, indic., imp.) descendu.

Le salut et la gloire de la patrie (*demander*, indic. pr.) aux citoyens des sacrifices extraordinaires, et ils ne (*pouvoir*, indic. pr.) les lui refuser.

Ou vous ou lui (*perdre*, indic., fut. abs.) ce procès, c'(*être*, indic. pr.) incontestable ; et il ne l'(*être*, indic. pr.) pas moins que ni l'un ni l'autre n'y (*gagner*, indic., fut. abs.) grand'-

chose : ne (*valoir*, condit. pr.) -il pas mieux que vous vous (*entendre*, subj. imp.) tout de suite?

Vous et lui (*courir*, indic. pr.) les plus grands risques. Il (*faut*, indic. pr.) que l'un et l'autre vous vous (*tenir*, subj. pr.) sur vos gardes.

Ce (*être*, indic. pr.) d'honnêtes gens, mais peu instruits et incapables de faire valoir leurs droits.

EXERCICE 122e.

Corriger les mots en **ant.**

Il y a des personnes *obligeant* plutôt par vanité que par véritable bonté d'âme.

Les Chinois s'abstiennent avec raison de mets *échauffant* et de liqueurs *enivrant.*

Les hommes sont plus sensibles à l'estime qu'à l'amitié; ils sont plus vains qu'ils ne sont *aimant.*

Leur ambition *croissant* avec leurs richesses, de marchands ils devinrent *conquérant.*

Les peintres représentent les Muses *présidant* à la naissance d'Homère et de Virgile.

La campagne de Rome est infectée par des marais *croupissant* qui la rendent inhabitable.

On ne voyait de tous côtés que des femmes *tremblant,* des vieillards *gémissant,* des enfants éperdus, *courant* vers la ville. Les bœufs *mugissant* et les brebis *bêlant* venaient en foule, *quittant* les gras pâturages, et ne *pouvant* trouver assez d'étables pour se mettre à couvert.

Regardez les nuages *passant* entre vous et la lune, vous croirez que c'est la lune qui passe en sens-contraire.

EXERCICE 123e.

Corriger les participes passés.

Les organes des paysans ne sont pas autrement *fait* que ceux des autres, mais ils sont autrement *dirigé.*

Autant de victoires il a *remporté,* autant de désastres il a *causé* à sa patrie.

Est-il un plus doux spectacle que celui des heureux qu'on a *fait?*

Tous les peuples du monde, sans en excepter les Juifs, se sont *créé* des divinités corporelles.

L'invention de l'imprimerie est *dû* à Guttemberg, de Mayence ; elle fut *découvert* dans le quatorzième siècle.

Peu de républiques ont été mieux *établi* et mieux *gouverné* que celle de Lacédémone.

Les plus sages ont toujours un petit grain de folie *mêlé* à leur sagesse.

Quand il vit l'urne où étaient *renfermé* les cendres d'Hippias, il versa un torrent de larmes.

Manlius s'étant *découvert* la poitrine, la fit voir *couvert* de blessures qu'il avait *reçu* en défendant la patrie.

De grands effets ont souvent été *produit* par de petites causes.

EXERCICE 124ᵉ.

Corriger les participes passés.

Les Perses, adorateurs du soleil, ne souffraient ni les idoles ni les rois qu'on avait *fait* dieux.

Les animaux que l'homme a le plus *admiré* sont ceux qu'il a *cru* les plus *rapproché* de sa propre nature.

Nous avons *lu* les livres que vous nous avez *prêté*, et ils nous ont beaucoup *amusé.*

Les années finissent généralement comme elles ont *commencé*, et commencent comme elles ont *fini.*

Plus de services il a *rendu*, plus d'ingrats il a *fait.*

Les rois qui ont aimé leurs peuples en ont été *aimé* à leur tour, et les Dieux les ont *récompensé.*

Les Perses avaient *porté* des lois contre les ingrats, qui étaient *puni* comme du vice le plus odieux.

Richelieu a été un des plus grands hommes qu'ait *produit* son siècle.

La langue latine et la langue grecque ont été longtemps *parlé*, et ne le sont plus, même par les savants qui les ont *étudié.*

J'ai *connu* bien des intérieurs de famille, presque tous m'ont *semblé* peu *satisfait*, et moins heureux que je ne les avais d'abord *jugé.*

EXERCICE 125.

Corriger les participes passés.

Si nous avons fait de grandes découvertes, c'est que les travaux des anciens nous avaient frayé le chemin.

On ne peut prétexter cause d'ignorance d'une loi qui a été promulgué, personne n'est censé ignorer la loi.

Les concussions et les violences ne furent connu parmi les Romains que dans les derniers temps de la république.

Les hommes n'ayant pu guérir la misère et la mort, se sont avisé de n'y plus penser.

Tous les jours le navigateur passe insouciant et joyeux sur des lieux où des milliers d'hommes ont péri.

Dieu, d'après la Bible, admira son œuvre après l'avoir eu créé.

Plus d'économies vous aurez fait dans votre jeunesse, plus d'aisance vous vous serez préparé pour l'âge mûr.

Nous n'imputons nos malheurs à la fortune que pour nous épargner le blâme de nous les être attiré.

La musique que nous avons entendu a charmé tout le monde; chacun a goûté les morceaux qui ont été chanté.

Que de gens ne savent ni oublier les torts qu'on a eu envers eux ni pardonner les offenses qu'ils ont reçu !

EXERCICE 126.

Corriger les participes passés.

Les Romains né pour conquérir n'ont pas avancé, comme les Grecs, la raison et l'industrie; ils ont donné un grand spectacle, mais ils n'ont rien ajouté aux connaissances et aux arts des Grecs.

Si la témérité a réussi à quelques-uns, elle a nui à beaucoup d'autres.

Ceux qui ont consacré leur vie à l'étude ne peuvent être accusé de n'avoir rien fait pour l'utilité commune.

Les hirondelles sont revenu et le printemps avec elles.

Les bandits qui nous avaient attaqué ont été enveloppé au même instant.

La vigueur et l'impétuosité avec lesquelles on les avait attaqué les ont tellement déconcerté, qu'ils ont aussitôt pris la fuite.

On voyait beaucoup de ces rois puni moins pour le mal qu'ils avaient fait que pour le bien qu'ils avaient négligé.

Leïbnitz, un des plus savants hommes qu'on ait vu, avait projeté de faire un alphabet des pensées humaines.

EXERCICE 127e.

Corriger les noms, pronoms, adjectifs, etc., des phrases suivantes.

La france est un des plus beau ciel de l'europe.

Pour les enfant bien né un père et une mère sont des être plus qu'humain.

Les tribu arabe paraisse établi comme autrefois celle des hébreu.

Les plaisir sont des fleur semé parmi les ronce de la vie ; il faut qu'elles soit cueilli avec soin, car la fraîcheur en est bientôt fané et flétri.

Savez-vous (ce, se) qu'ils sont devenu ? (Quand, quant) à moi, je l'ignore.

(Quand, quant) la voix de l'homme (ce, se) fait entendre, toute les autre doive (ce, se) taire.

Malheur aux homme dur et impitoyable que n'a jamais attendri l'infortune public !

Nos drapeau triomphant ont flotté sur presque toute les capitale de l'europe.

Une seule journée perdu devrait nous laisser de plus cuisant regret qu'un immense fortune manqué.

Toute les partie du corps des oiseau sont disposé avec un harmonie et un art sans pareil.

Quel beaux exemple de reconnaissance les animaux eux-même ont souvent donné aux hommes !

Les hommes entreprenant réussisse presque toujours : la fortune favorise laudace.

FIN.

TABLE ANALYTIQUE DES MATIÈRES.

DÉFINITIONS DES MOTS.

DIVISION DU NOM.

GENRE DANS LES NOMS.

NOMBRE DANS LES NOMS.

FONCTIONS DU NOM.

FIN DE LA TABLE.

Typographie Firmin Didot. — Mesnil (Eure).

COURS SIMULTANÉ
D'ANALYSE LOGIQUE ET D'ANALYSE GRAMMATICALE

Ou double analyse raisonnée de toutes les difficultés que présentent les règles de la syntaxe française, par Th. LEPETIT, professeur à Paris. — Livre de l'Élève, 1 fr. 25. — Livre du Maître, ou corrigé des analyses, 2 fr.

EXERCICES PRÉPARATOIRES

Au *Cours gradué de Dictées françaises* de M. Th. LEPETIT.

PREMIÈRE PARTIE. 290 Devoirs nouveaux en phrases détachées sur les dix parties du discours et la ponctuation. 2ᵉ édition. Livre de l'Élève, 75 c.; — Livre du Maître, 1 fr.

DEUXIÈME PARTIE. Nombreux Exercices en phrases détachées sur tous les points de la Syntaxe. — Livre de l'Élève, 75 cent. Livre du Maître, 1 fr.

COURS GRADUÉ DE DICTÉES FRANÇAISES

En texte suivi, sur un plan entièrement neuf, par Th. LEPETIT, professeur à Paris.

COURS DE 1ʳᵉ ANNÉE, 6ᵉ édit.; partie de l'Élève, 75 c.
— partie du Maître, 1 fr.

COURS DE 2ᵉ ANNÉE, 5ᵉ édition; partie de l'Élève, 1 fr. 10 c.
— partie du Maître, 1 fr. 50 c.

COURS DE 3ᵉ ANNÉE, DICTÉES SUPÉRIEURES, suivies d'un vocabulaire raisonné. 1 vol., à l'usage du Maître, 4ᵉ édit.; 2 fr.

DICTÉES SUR LES PARTICIPES, 1 vol., à l'usage du Maître, 2 fr.

DICTÉES ORTHOLOGIQUES, avec corrigé raisonné à la suite de chaque dictée. 1 vol., à l'usage du Maître, 2 fr.

DICTÉES SUR LES HOMONYMES ET LES PARONYMES de la langue française. — Livre de l'Élève, 1 fr. 10; Livre du Maître, 1 fr. 50.

DICTÉES SUR LES SYNONYMES de la langue française. — Livre de l'Élève, 1 fr. 10 cent; Livre du Maître, 1 fr. 50 cent.

EXERCICES ET DICTÉES

Sur les difficultés de l'Orthographe française, contenant : 1º des Dictées préparatoires sur chaque difficulté; 2º cent Dictées en texte suivi; par M. GALLIEN. — 3ᵉ édit., prix : 1 fr. 50 cent.

DICTÉES RÉCRÉATIVES

Sur l'orthographe usuelle; par Mlle CLARISSE JURANVILLE, institutrice. 1 vol. in-12 cartonné. — 2ᵉ édition. Prix : 1 fr. 50 c.

LE LIVRE DE LA CONJUGAISON

Nouveaux Exercices d'orthographe et d'analyse servant d'application au *Petit Manuel de la Conjugaison française*, par RENAUDIN. Livre de l'Élève, 75 c.; — Livre du Maître, 1 fr.

PARIS. — ÉDOUARD BLOT ET FILS AÎNÉ, IMPRIMEURS, RUE BLEUE, 7.

www.ingramcontent.com/pod-product-compliance
Lightning Source LLC
Chambersburg PA
CBHW071232290326
41931CB00037B/2824

* 9 7 8 2 0 1 9 5 7 2 8 6 0 *